N Y A N K O G O J I T E N

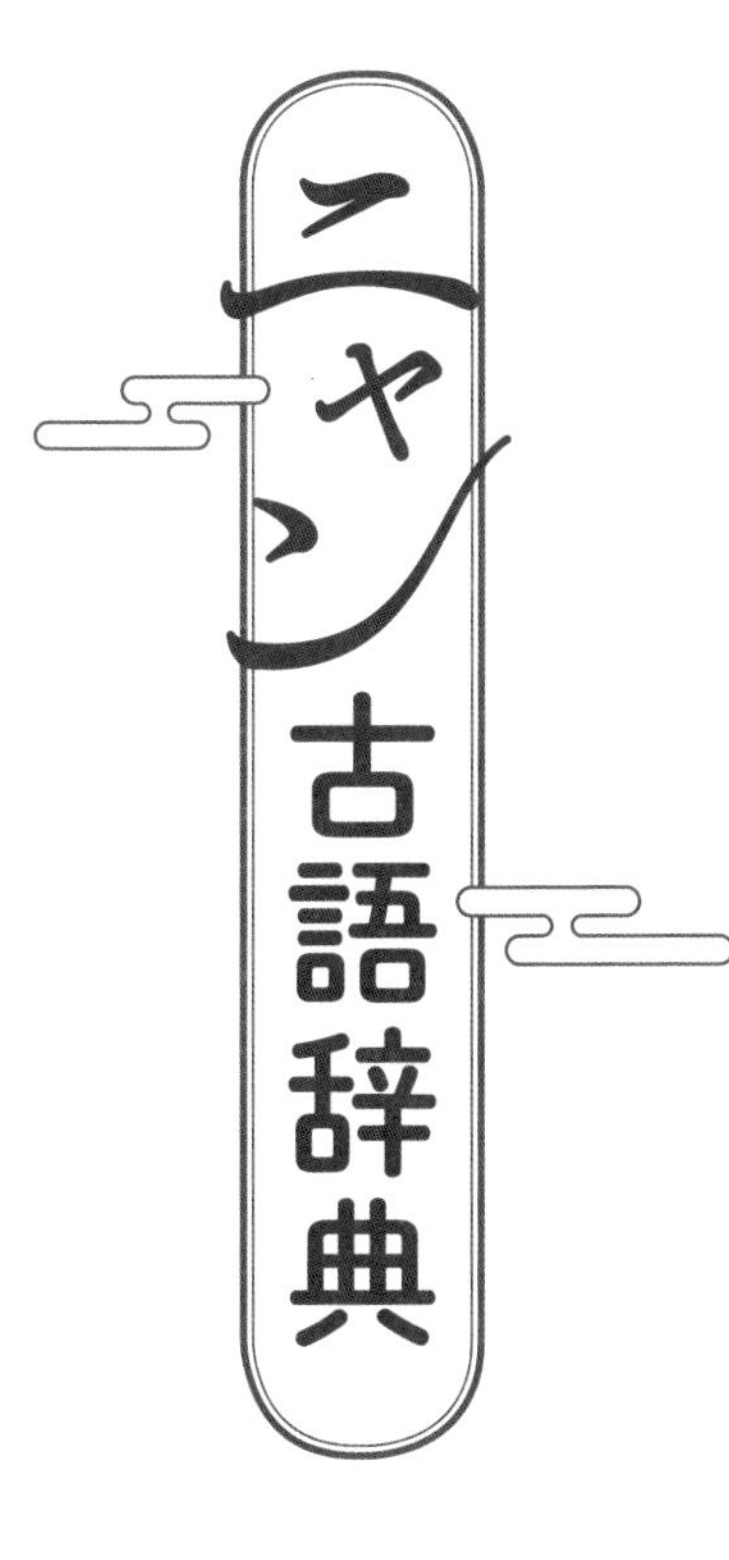

N Y A N K O G O J I T E N

はじめに

猫は、日本では平安時代から愛されてきました。
その、もふもふした体と、小さな顔や手足、愛嬌ある独特の表情、愛くるしいしぐさ、奇想天外なポーズ…。
よく寝て、よく遊び、怒ったり、寄り添ったり、想像をはるかに超えていく、自由で不思議なその姿は、たくさんの癒しと幸福感を与えてくれます。

本書は、そんな猫たちのかわいらしい表情やポーズが詰まった、〝いと、をかし〟な古語の辞典です。

YouTubeで人気の、ニャンチューバーつくしちゃん&師匠ちゃんをはじめ、たくさんの猫ちゃんたちが登場し、ほっこりしながら、古語が（もしかしたら）学べます。

「ニャンかかわいくて♥」「ニャンとも不思議な」
「ニャンとなく、ためになるかもしれない!?」
そんな古語の辞典となっていますので、
お気軽に楽しんでいただけましたら幸いです。

スタッフ一同

はかなし

ゆかし

ボクらも出ているで。ゆっくりしていってな～

ニャンチューバー

師匠

つくし

Q. 古語って何？

古い時代の言葉のこと。

古人の言った言葉。昔、用いられていた言葉で、現代語として普段はあまり使われなくなった言葉を「古語」といいます。

Q. 古文って何？

江戸時代までに書かれた作品が「古文」。

『古事記』や『万葉集』など古代の作品から江戸時代の浮世草子『好色一代男』などまで、約1000年もの間にできた作品はすべて「古文」のジャンル。古文に用いられる単語を「古文単語」といいます。また、「古文」に対し、明治以降に書かれた作品を「現代文」といいます。

Q. マストの古語は？

絶対に覚えておきたい古語とその意味をピックアップしたのでチェックを。

- **あはれ**……しみじみと心動かされる（↓P.18）
- **あやし**……不思議だ（↓P.20）
- **いと**……とても。非常に。
- **いみじ**……はなはだしい（↓P.29）
- **うつくし**……かわいらしい（↓P.34）
- **おどろく**……目がさめる（↓P.39）
- **かなし**……かわいい（↓P.50）
- **すさまじ**……興ざめだ（↓P.72）
- **ののしる**……大声で騒ぐ（↓P.111）
- **やがて**……すぐに。
- **ゆかし**……見たい。知りたい（↓P.148）
- **をかし**……興味深い（↓P.155）

サクッと覚えてな〜

作品名	作者	年代	概要
古事記	編者： 太安万侶	奈良時代	日本最古の歴史書。上・中・下巻から成り、上巻は神話の世界、中巻は神武天皇から応神天皇まで、下巻は仁徳天皇から推古天皇までの事項が記されている。
日本書紀	舎人親王ら	奈良時代	『古事記』と並ぶ、日本最古の歴史書・神話。全三十巻から成り、神代より持統天皇までの歴史を漢文で叙述。
風土記	不詳	奈良時代	その土地の産物、文化風土、伝説などについて、地方別に記された報告書で、天皇に献上された。完存するのは『出雲国風土記』のみ。
万葉集	不詳	奈良時代	日本最古の和歌集。約4500もの和歌が収録されている。「令和」の元号も万葉集から採用された。
竹取物語	不詳	平安時代 前期	平安前期に成立した物語。「かぐや姫物語」「竹取翁物語」などと呼ばれた。作者は不明で、正確な成立年も未詳。
古今 和歌集	撰者：紀友則、 紀貫之、凡河内 躬恒、壬生忠岑	平安時代 前期	醍醐天皇の勅命により、万葉集に未掲載の古歌や新歌などを集めて編集された1111首の歌集で、勅撰集の第1号。
宇津保 物語	不詳	平安時代 中期	970年代頃に成立したとされる。仲忠母子が杉の空洞（うつぼ）に潜んでいたことにちなんだとされる物語。20巻。
枕草子	清少納言	平安時代 中期	一条天皇の妃である中宮定子に仕えていた清少納言が、宮中での出来事などを綴った随筆。約300の章段から成る。
源氏物語	紫式部	平安時代 中期	紫式部によって創作された長編の虚構物語。光源氏の栄華から没落までを描いた物語で、世界最古の長編小説だとも考えられている。「因果応報」が物語に盛り込まれている。
小倉 百人一首	藤原定家	鎌倉時代 前期	藤原定家が京都・小倉山の山荘で選んだとされる。百人一首とは100人の歌人の和歌を一首ずつ選んだ秀歌撰（詞華集）。
方丈記	鴨長明	鎌倉時代 前期	平安時代末期から鎌倉時代前期にかけての歌人・随筆家である鴨長明による、日本人の無常感を表した作品だとされる。
平家物語	不詳	鎌倉時代 前期	平清盛ら平家一門が、源氏との戦いに敗れて滅んでいくありさまを、主に平家方の立場から描いた軍記物語。
徒然草	吉田兼好	鎌倉時代 末期	吉田兼好が鎌倉時代末期にまとめたという説が有力の、随筆集。全243段の短編随筆が収録。『枕草子』『方丈記』と並ぶ日本三大随筆のひとつ。

もくじ〈50音順〉

本書について…

この本は、猫の写真を眺めながら気軽に古語を学べる親しみやすい辞典です。

奈良時代から江戸時代頃までに用いられた語を、50音順に掲載しています。

紹介する「古語」の「意味」や「文献」は、東京書籍刊行の『最新 全訳古語辞典』（初版第八刷）をもとに記載しました。

1 古語－見出し語

基準となる語は、ひらがなで表記し、漢字表記があるものは【 】内に示しました。

2 品詞

次の通り、略号で示しました。

自…自動詞、他…他動詞、
形…形容詞、形動…形容動詞、
名…名詞、副…副詞、感…感動詞

3 意味

古語の意味（語義）です。複数の語義がある場合は、🐾をつけて記述をしました。

4 文献

その古語が用いられた文と出典です。出典は用例の後に〈 〉で示しました。

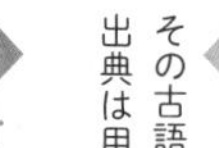

5 豆知識

参考になる補足の情報を記載しました。

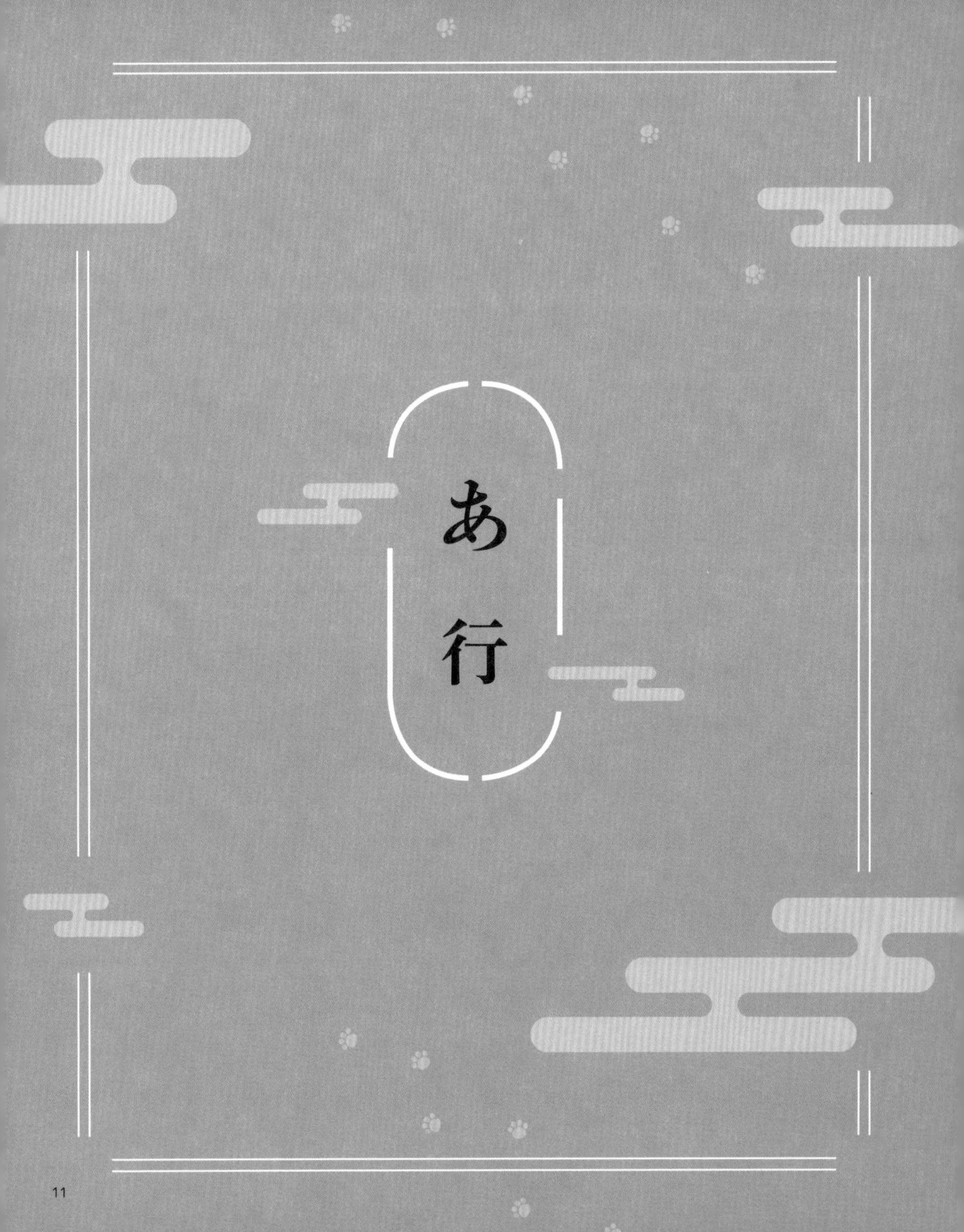

あ行

あいぎやう【愛敬】

名

意味

- 親しみ敬うこと。敬愛。
- （顔かたちが）にこやかで愛らしく、魅力的なこと。愛らしさ。
- （性格・言葉づかい・動作などが）やさしく、思いやりがあって魅力的なこと。
- 夫婦間のこまやかな愛情。結婚。

文献

◆あいぎやうおくれたる人の顔などを見ては、たとひにいふも〈枕草子 木の花は〉

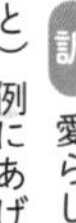

訳 愛らしさのない人の顔などを見ては、（梨の花のようだと）例にあげて言うのも

Kanyanat Wimonkanjana

あい‐な・し 形

意味

🐾すじが通らない。不都合だ。
🐾感心しない。気に入らない。
🐾不調和だ。情緒がない。
🐾おもしろみがない。つまらない。興ざめだ。

◆おのづから聞きつけて、うらみもぞする、あいなし
〈枕草子 人のうへいふを腹立つ人こそ〉

訳 （うわさ話を、本人が）自然に聞きつけて、恨んだりするのは困ったことで、感心しない

Erin Donalson

豆知識

語源ははっきりしませんが、「あい（愛）なし」「あひ（合）なし」「あひ（間）なし」「あや（文）なし」「あへ（敢）なし」などの説があります。

あく・ぶ【欠ぶ】 自

意味 （「あくび」の動詞形）あくびをする。

文献 ◆いとむつかしかめれば、長やかにうちあくびて 〈枕草子 懸想人にて来たるは〉

訳 かなり気分が悪いようで、長いことあくびをして

豆知識

「あくぶ」の名詞形は「あくび」。「あく」は「あき（飽・厭）」と同根語で、「ふり（様、振る舞いのふる）」が複合し、あく＋ふり→あくぶ→あくびとなったとされます。

DavidTB

Vladimir Gudvin

やめてぇ〜

あさま・し 形

🐾意外だ。（いい意味でも悪い意味でも）驚きあきれることだ。

🐾興ざめだ。情けない。嘆かわしい。あさはかだ。

🐾はなはだしい。ひどい。見苦しい。みっともない。

◆あさましきもの。さし櫛すりてみがくほどにものにつきさへて折りたる心地〈枕草子　あさましきもの〉

訳　興ざめなもの。飾り櫛をこすって磨いているときに、物に突き当たって折ってしまった気持ち

あなーぐ・る【探る】他

意味

探す。
探し回る。
細かく調べる。

◆因りて山をあなぐる〈日本書紀 舒明〉

訳 そこで山中を探し回る

豆知識

穴をくり抜いてあけるの意から、くまなく探す、探索するという意になりました。

Nils Jacobi

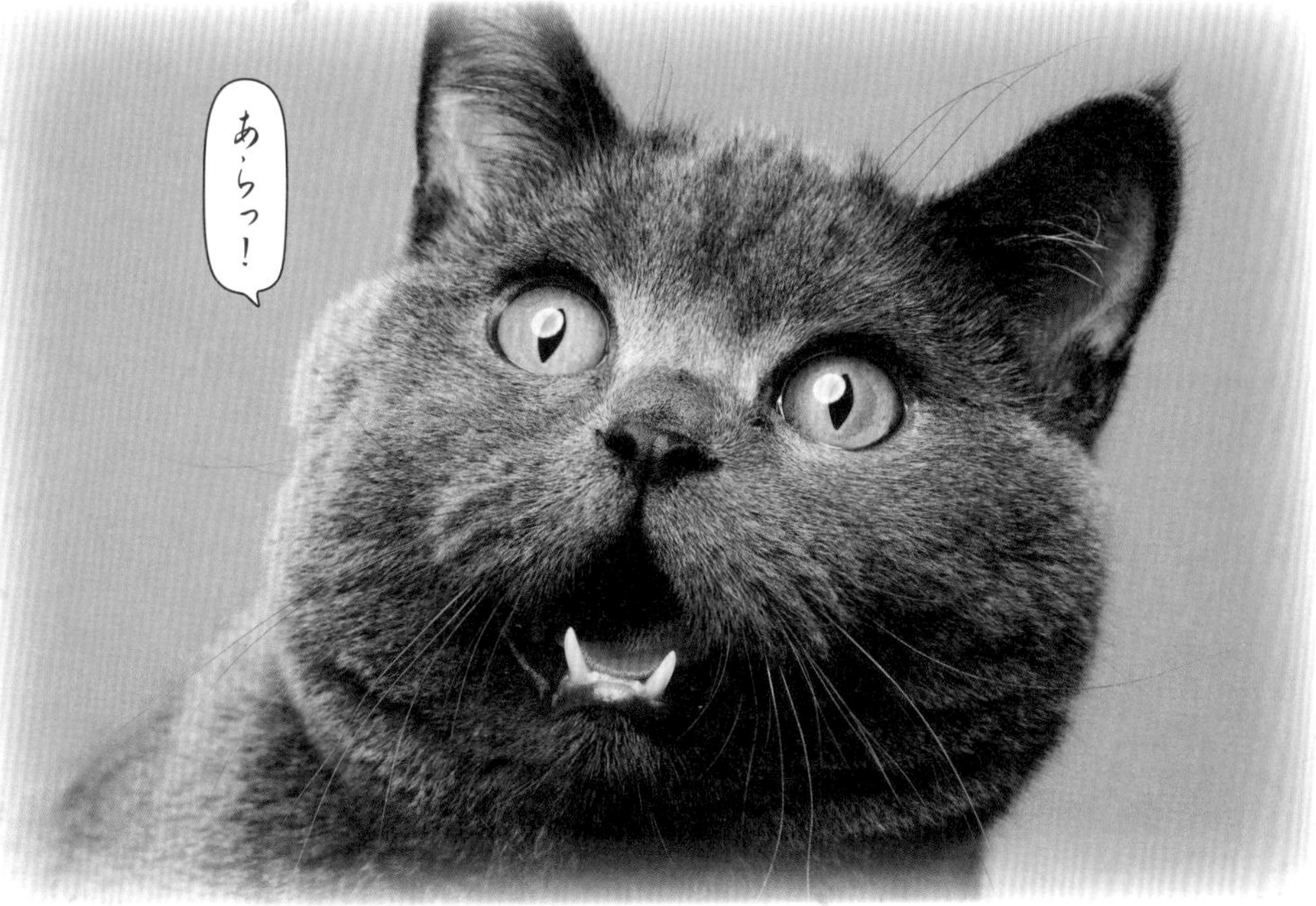

あなーや

🐾（何かに強く驚いて）ああっ。あれえっ。あらっ。

◆**鬼やは一口食ひてけり。「あなや」と言ひけれど神鳴る騒ぎにえ聞かざりけり**〈伊勢物語 六〉

訳 鬼はたちまち（女を）一口に食べてしまった。（女は）「あれえっ」と言ったが雷が鳴る騒ぎに（男は）聞くことができなかった

豆知識

文献は、伊勢物語 芥川の段の一節。主人公のモデルは、平安時代の歌人で六歌仙・三十六歌仙のひとりに数えられる在原業平といわれています。

MelashaCat

あはれ

意味

- しみじみと心動かされる。
- 感慨深い。
- しみじみとした風情がある。
- 情がこまやかだ。情が深い。愛情が豊かだ。
- いとしい。かわいい。すてきだ。
- 感心だ。りっぱだ。
- 悲しい。寂しい。

◆折からの御文いとあはれなれば〈源氏物語 須磨〉

訳（懐かしく思っていた）折から（その人から）の手紙なので、とてもしみじみと心を動かされるので

豆知識

「あっぱれ」は「あはれ」が語源です。「あはれ」は悲しみも喜びも含め、心の底からのしみじみと湧き上がる感情を表す語でした。

あへ・なし【敢へ無し】形

🐾 どうしようもない。止められない。お手上げだ。

🐾 張り合いがない。がっかりだ。

🐾 簡単だ。もろい。

◆**誰も誰も、あやしうあへなきことを思ひ騒ぎて**〈源氏物語 東屋〉

訳（女房たちは）だれもみな、異様などうしようもない出来事に動揺してしまって

豆知識

落胆やあきらめの気持ちを表す語に「あぢきなし」もあります。これは道理に合わずどうしようもない状態に対するあきらめの気持ちを表します。

Don Albertus Agung

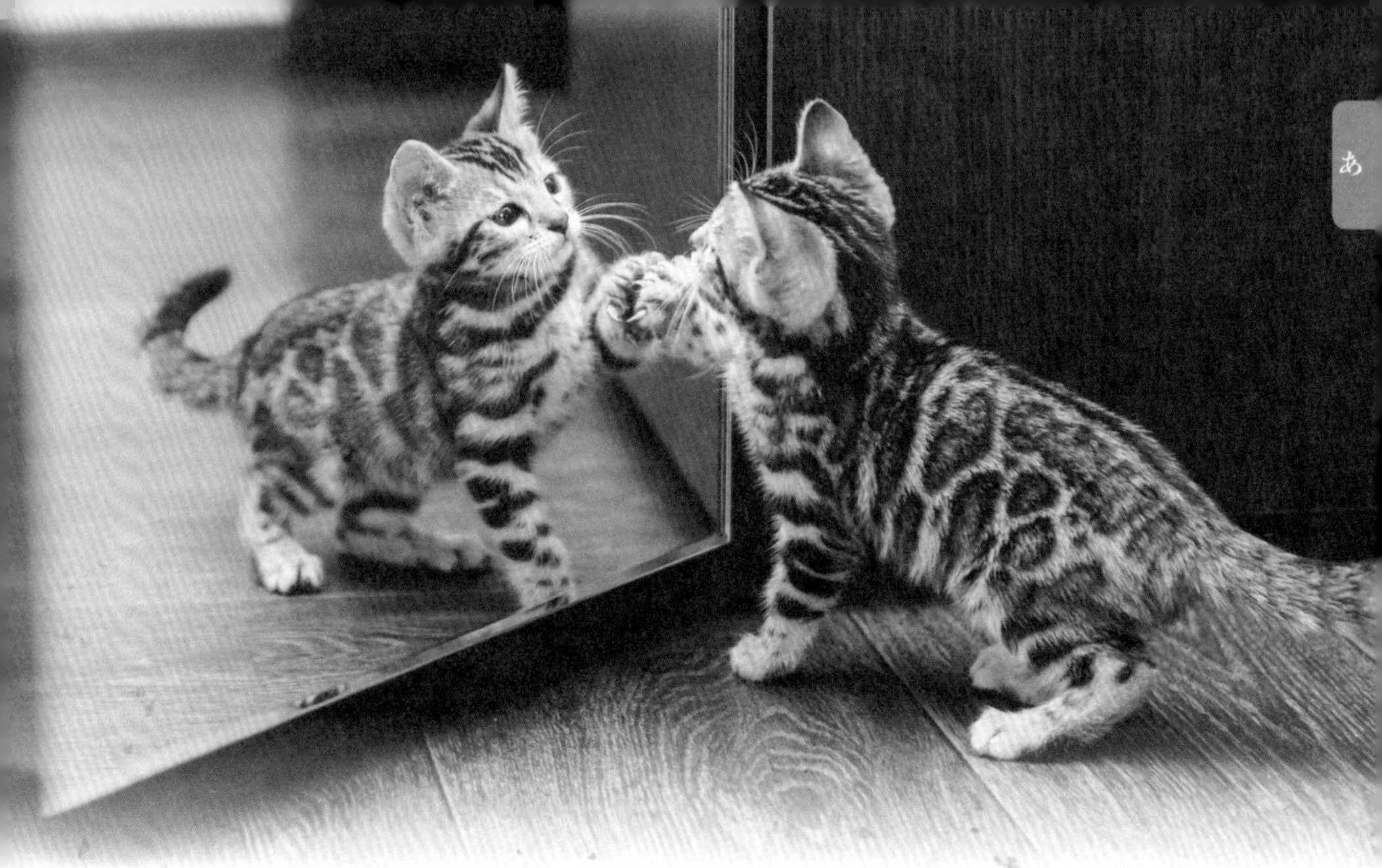

Smile19

あや・し【怪し・奇し】形

意味

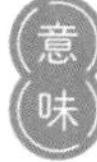

- 不思議だ。神秘的だ。
- （よくも悪くも）異様だ。奇異だ。ふつうと違うようすだ。
- 不審だ。疑わしい。
- 不都合だ。よくない。

文献

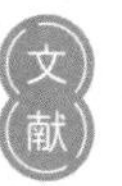

◆げに御かたちありさま、あやしきまでぞおぼえ給へる

〈源氏物語 桐壺〉

訳 本当に（藤壺の）ご容貌やお姿は、不思議なほど（亡き桐壺の更衣に）似ていらっしゃった

自

意味

- 言い争う。反論する。
- （賭け事で）張り合う。主張する。

文献

◆我がため面目あるやうに言はれぬる虚言は、人いたくあらがはず〈徒然草 七三〉

訳 自分の名誉になるように言われたうそには、人はそれほど反論しない（ものだ）

◆翔け鳥なんどをあらがうて〈平家物語〉

訳 空を飛ぶ鳥を射ることを張り合って

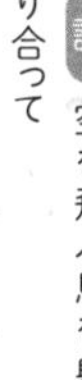

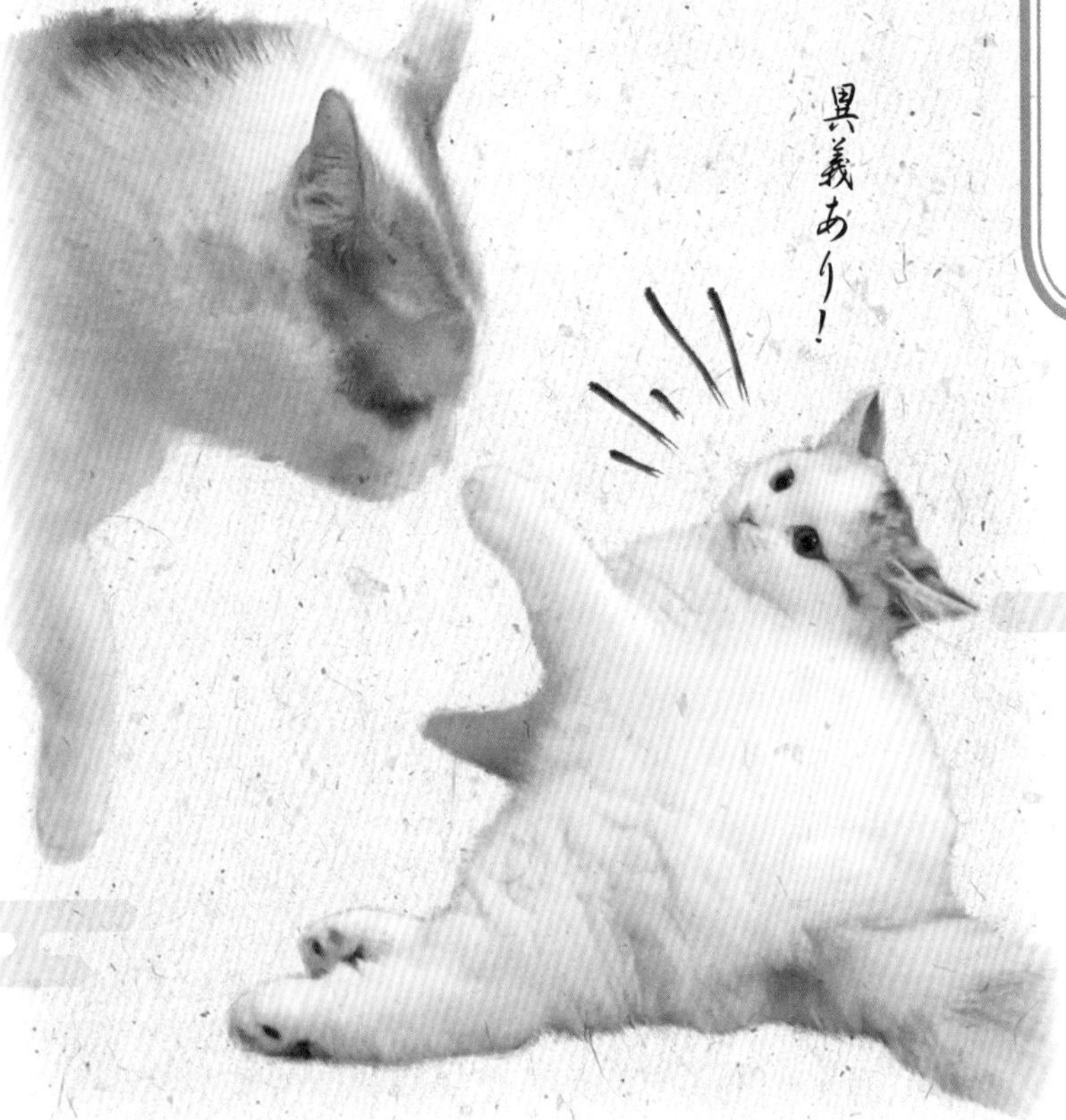

異義あり！

いさか・ふ【諍ふ】自

意味

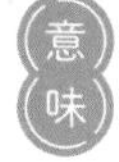

互いに激しくとがめ合う。言い争う。口論する。けんかをする。

文献

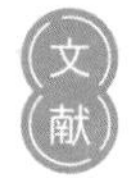

◆**法師ども、言の葉なくて、聞きにくくいさかひ**〈徒然草 五四〉

訳 法師たちは、（言いわけの）言葉もなく、聞き苦しく言い争い

豆知識

同じ「いさか・ふ」と読む「叱ふ」という古語もあります。これは「しかる、責める」という意味です。

Mariya Ilmaz

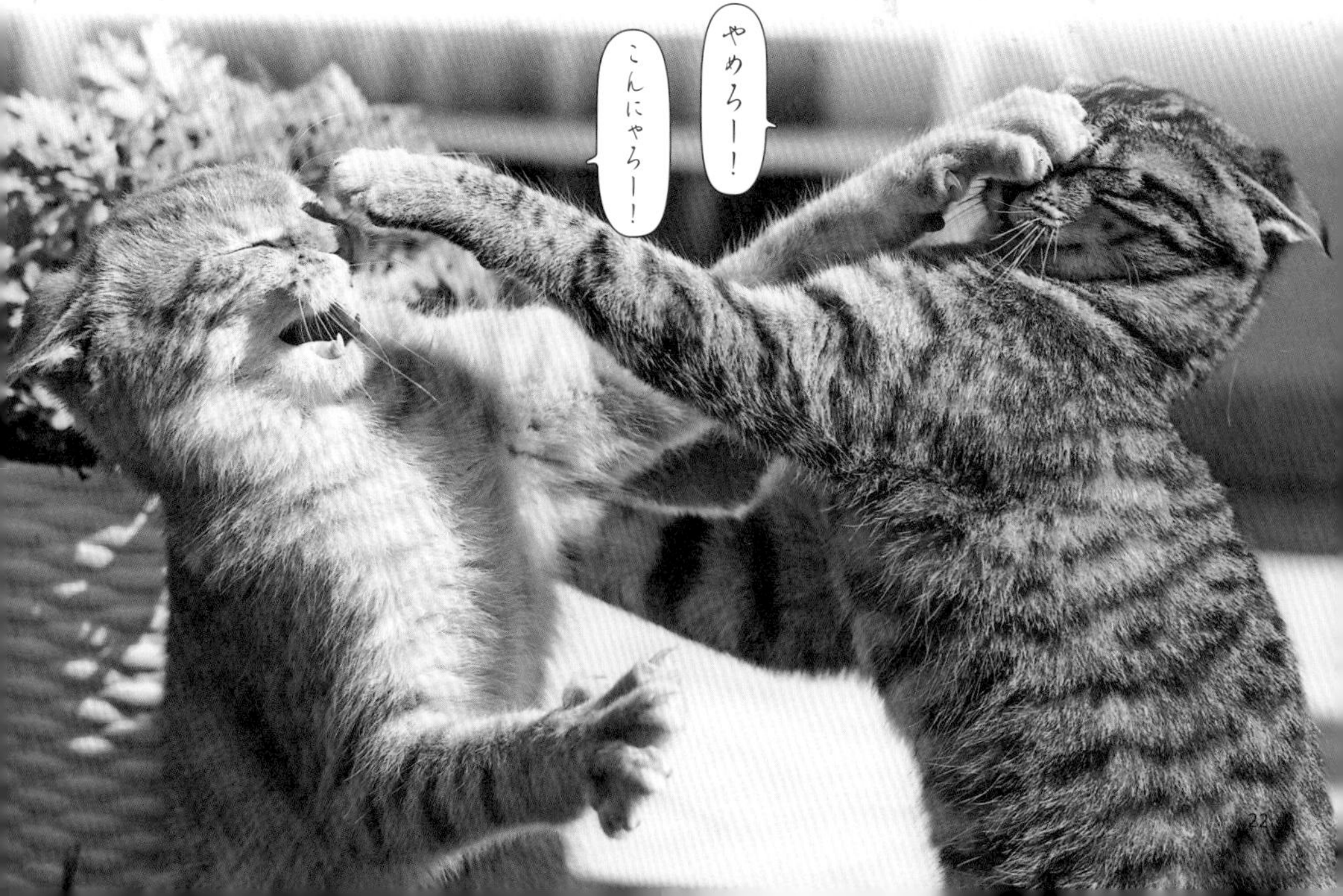

いたづら【徒ら】形動

役に立たない。むだである。
むなしい。はかない。つまらない。
何もない。なんの趣もない。
何もすることがない。暇である。

◆花の色は移りにけりないたづらにわが身世にふるながめせしまに〈百人一首 第九首目 小野小町〉

訳 桜の花の色がすっかり色あせてしまったように、私もすっかり衰えてしまったなあ。春の長雨が降っている間に。私が物思いにふけっている間に

豆知識

類義語は「あだなり」「かひなし」「はかなし」「むなし」など。何もすることがない、暇であるという意では、「つれづれなり」も類義語です。

い・づ【出づ】自

- （中から外に）出る。現れる。
- 出発する。
- （隠れていたものが）現れる。出る。人に知られる。
- 離れる。逃れる。

◆**人いで給ひなば、とくさせ**〈枕草子 宮仕人の里なども〉

訳（客である）人が（外へ）お出になられたならば、（門を）速やかに閉ざせ

◆**和泉の灘といふところよりいでて、漕ぎ行く**〈土佐日記 二月一日〉

訳 和泉の灘という所から出発して、（船を）漕いで進み行く

Sabphoto

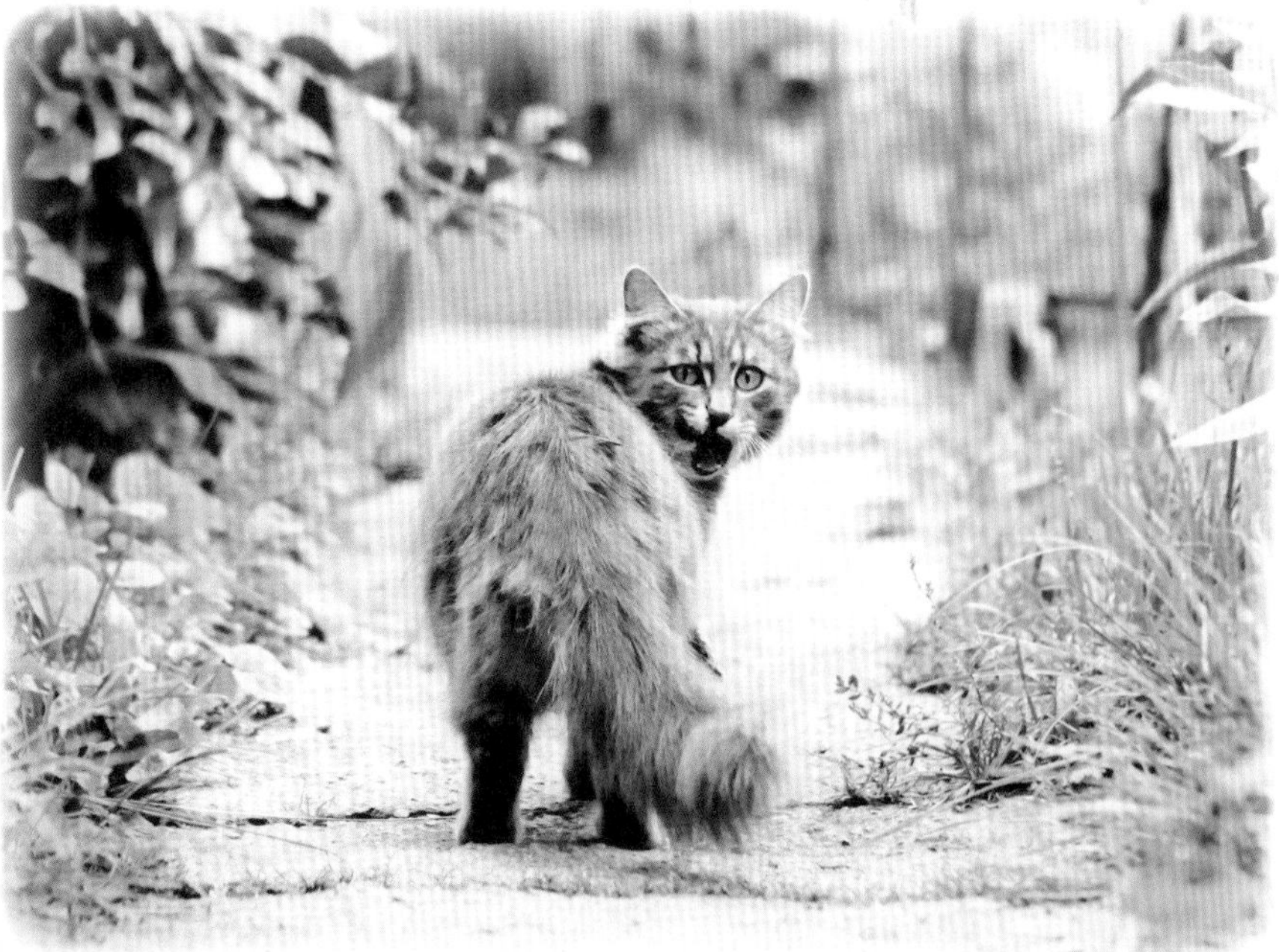

beton studio

いつくし・む【慈しむ】他

（幼い者を）大切にする。かわいがる。

◆継母も、後にはへだてなくいつくしみ、もとの母と同じくなれり〈御伽草子 二十四孝〉

訳 継母も、後には分け隔てなくかわいがって、生みの母と同じようになった

豆知識

「慈しむ」は室町時代以降に用いられるようになった言葉です。もとは、「美しむ」で、頭の「い」と「う」の音が混同してこの言葉ができたと考えられています。

いとけ－な・し【幼けなし】形

意味 幼い。あどけない。子供っぽい。

文献

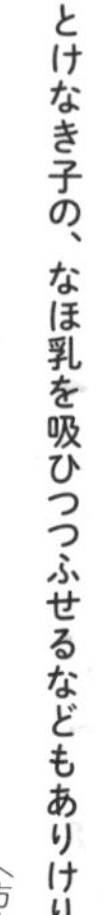

◆いとけなき子の、なほ乳を吸ひつつふせるなどもありけり〈方丈記〉

訳 あどけない子供が、（母親が亡くなっているのも知らずに）まだ乳を吸いながら横たわっていることなどもあった

いはけ－な・し【稚けなし】形

🐾（年齢的に）幼い。
（性格や態度が）子供っぽい。あどけない。

◆いはけなくかいやりたる額つき、髪ざし、いみじううつくし〈源氏物語 若紫〉

訳（若紫の）あどけなくかき上げた額のようす、髪のようすは、たいそう愛らしくうつくしい

豆知識

「いとけなし」は単に幼いを表す語ですが、「いはけなし」は幼いだけではなく、頼りないという意も含んでいます。

いぶせ・し 形

意味

🐾心が晴れない。うっとうしい。憂鬱だ。

🐾気がかりだ。気になる。

🐾不快だ。むさくるしい。汚い。

文献

◆ひさかたの雨の降る日をただひとり、山辺に居れば、いぶせかりけり〈万葉集 四・七六九〉

訳 雨の降る日に（あなたに逢えずに）ただひとりで山辺にいるので心が晴れないなあ

◆いかなることといぶせく思ひわたりし年ごろよりも〈源氏物語 椎本〉

訳 どのような事情かと（薫は自分の出生について）気がかりに思い続けた長年の間よりも

いみ・じ 形

意味

（程度が）はなはだしい。並々でない。

すぐれている。すばらしい。りっぱだ。うれしい。

大変だ。ひどい。恐ろしい。悲しい。

文献

◆あないみじや。いとあやしきさまを、人や見つらむ
〈源氏物語 若紫〉

訳 ああ、大変だわ。ひどく見苦しいようすを、だれか見ただろうか

豆知識

「いみじ」は動詞「忌む」が形容詞となった語です。もともと忌み避けたいほど程度がはなはだしい意を表す語で、望ましい場合にも望ましくない場合にも用いられます。

うかねら・ふ【窺狙ふ】他

意味

そっとようすを探って隙を見つける。うかがいねらう。

文献

◆この岡に雄鹿(おしか)踏み起こし うかねらひかもかもすらく君ゆえにこそ〈万葉集 八・一五七六〉

訳 この丘で雄の鹿を追い立ててうかがいねらうように、あれこれ（努力）するのもあなたのためだ

Sergey Zaykov

woodHunt

う・し【憂し】形

- つらい。情けない。憂鬱だ。
- わずらわしい。気が進まない。
- 憎らしい。恨めしい。
- つれない。薄情だ。

◆**身のうきも人のつらきも知りぬるをこは誰（た）が誰を恋ふるなるらん**〈和泉式部集 五五八〉

訳 自分がつらいことも相手が薄情なことも分かったのに、これはいったいだれがだれを恋しているからなのだろうか

◆**この人にうしと思はれて、忘れ給ひなむ心細さは**〈源氏物語 浮舟〉

訳 この人（=薫）に憎らしいと思われて、（私=浮舟を）お忘れになってしまうとしたら（その）寂しさは

うちーそむ・く【打ち背く】自

意味

背を向ける。離れてゆく。

文献

◆**我はわれと、うちそむきながめて**〈源氏物語 澪標〉

訳（紫の上は、あなたはあなたで）私は私と、（光源氏に）背を向け、もの思いにふけって

豆知識

「うち」は接頭語で、動詞の前に付けて音調を添え、ちょっと・軽く・一面に・広く、すっかり・まったくなどの意味を表します。

Chiaki Hirasawa

Chiaki Hirasawa

なごむニャ

うちーと・く【打ち解く】

🐾（氷などが）とける。

🐾くつろぐ。安心する。

🐾（男女が）なれ親しむ。隔てがなくなる。うちとける。

🐾油断する。気がゆるむ。

◆谷々の氷うちとけて、水はをりふしまさりたり 〈平家物語 九・宇治川先陣〉

訳（宇治川は上流の）谷々の氷がとけて、水量がちょうどその時に増えていた

◆ここにても、人は見るまじうやは。などかはさしもうちとけつる〈枕草子 大進生昌が家に〉

訳 ここでも、人が見ないだろうか、いや、見るだろう。どうしてそんなに油断してしまったのか

うつく・し【愛し・美し】

形

かわいい。いとしい。恋しい。

かわいらしい。愛らしい。

美しい。すぐれている。りっぱだ。みごとだ。

◆**小さきものはみなうつくし**〈枕草子 うつくしきもの〉

訳 小さいものはみんなかわいらしい

◆**かの木の道の匠の造れる、うつくしきうつは物も**〈徒然草 二二〉

訳 あの木工の名人がつくった、みごとな器物も

豆知識

上代（平安時代前）では肉親・恋人・目下の者への愛情を表し、かわいい・いとしい・恋しい意で用いられました。中古（上古と近古の間の時代、主として平安時代）には幼いもの、小さいものにひかれる気持ちを表し、かわいらしい・愛らしい意で用いられました。

g215

うらめ・し【恨めし・怨めし】形

意味 恨みに思われる。恨めしい。残念だ。

文献 ◆大殿には、おぼつかなくうらめしくおぼしたれど〈源氏物語 帚木〉

訳 左大臣家では、（光源氏の訪問が途絶えているので）待ち遠しく恨めしいとお思いになっているけれども

豆知識

「心（うら）見る」が変化して「うらむ」となったという説があり、形容詞化した語です。

うれ・ふ【憂ふ・愁ふ】

- 不満や心の悩みを訴える。ぐちをこぼす。
- 嘆く。悲しむ。嘆き悲しむ。
- 気づかう。心配する。悩む。
- 病気になる。

◆からい目を見さぶらひて。誰にかはうれへ申し侍らん〈枕草子 僧都の御乳母のままなど〉

訳 ひどい目にあいまして。（そのことを）だれに訴え申し上げましょうか

◆天下の乱れむことを悟らずして、民間のうれふる所を知らざっしかば〈平家物語 一・祇園精舎〉

訳 この世が乱れるだろうことが分からずに、民衆の嘆き悲しむところを察知しなかったので

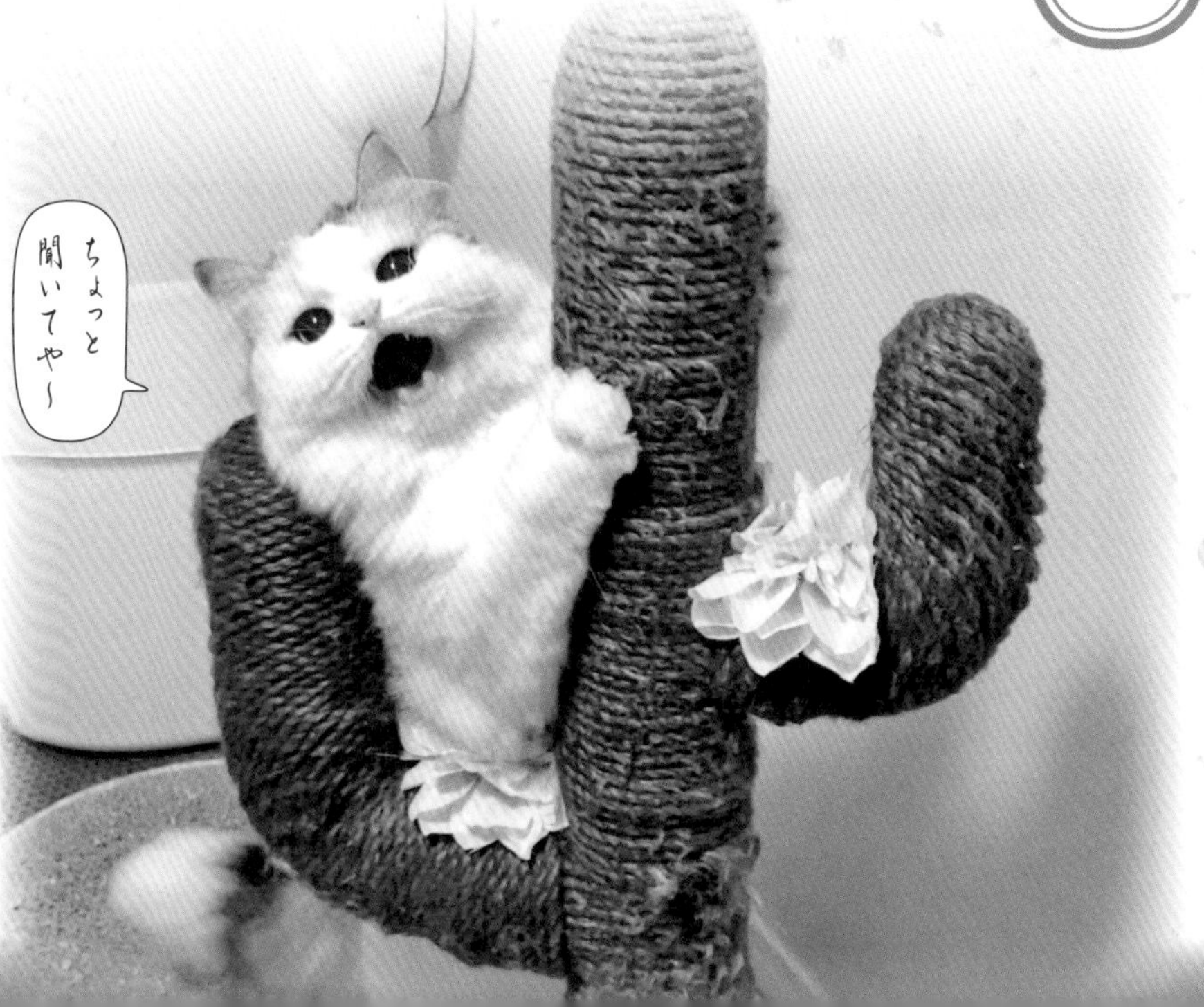

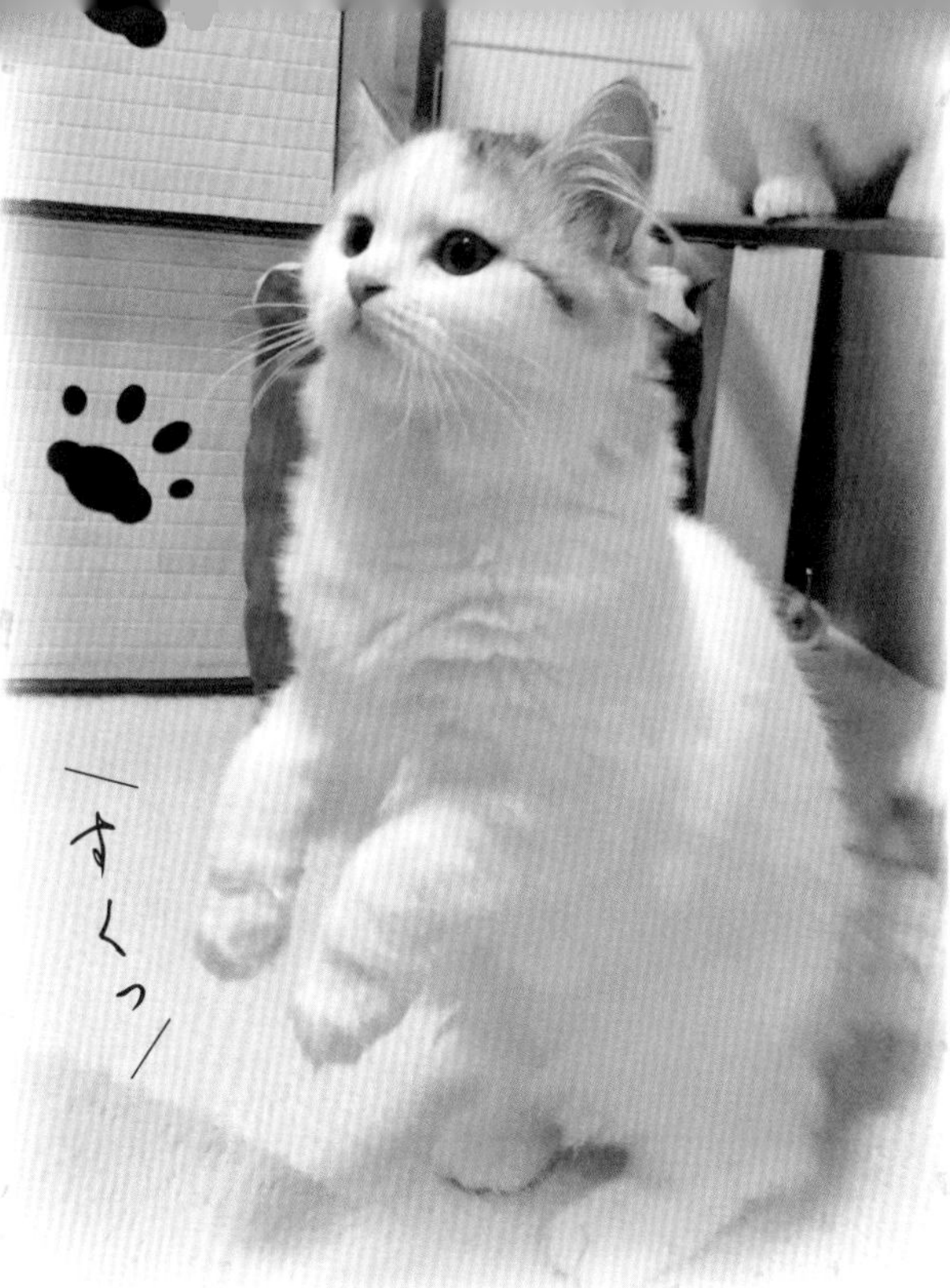

おく【起く】自

🐾（横になっていたものが）起き上がる。立ち上がる。

🐾（目をさまして）寝床を離れる。目ざめる。起きる。

🐾寝ないでいる。起きている。

◆**やをらおきて立ち給へば**〈源氏物語 帚木〉

訳 静かに起き上がって立ち聞きなされば

◆**つとめて、日のうららかにさし出でたるほどにおきたれば**〈枕草子 関白殿、二月二十一日に〉

訳 翌朝、太陽が明るくのどかにさし始めたところに目ざめたところ

Chiaki Hirasawa

おせーぐ・む

自

意味

身をかがめる。背が曲がる。猫背になる。

文献

◆長高く、おせぐみたる者。〈宇治拾遺物語 九・五〉

訳 背丈が高く、猫背になっている者

おどろ・く【驚く】自

意味
目がさめる。眠りからさめる。
びっくりする。
はっと気づく。

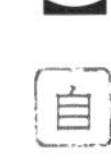

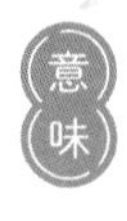

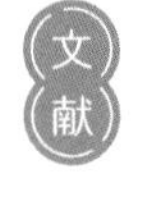

文献
◆ものにおそはるる心地しておどろき給へれば、火も消えにけり〈源氏物語 夕顔〉
訳 物の怪に襲われたような気持ちがして、目をおさましになったところ、灯火も消えていた
◆あながちに人目おどろくばかり思されしも〈源氏物語 桐壺〉
訳 あまりに人が見てびっくりするほどいとしくお思いになったのも

SakSa

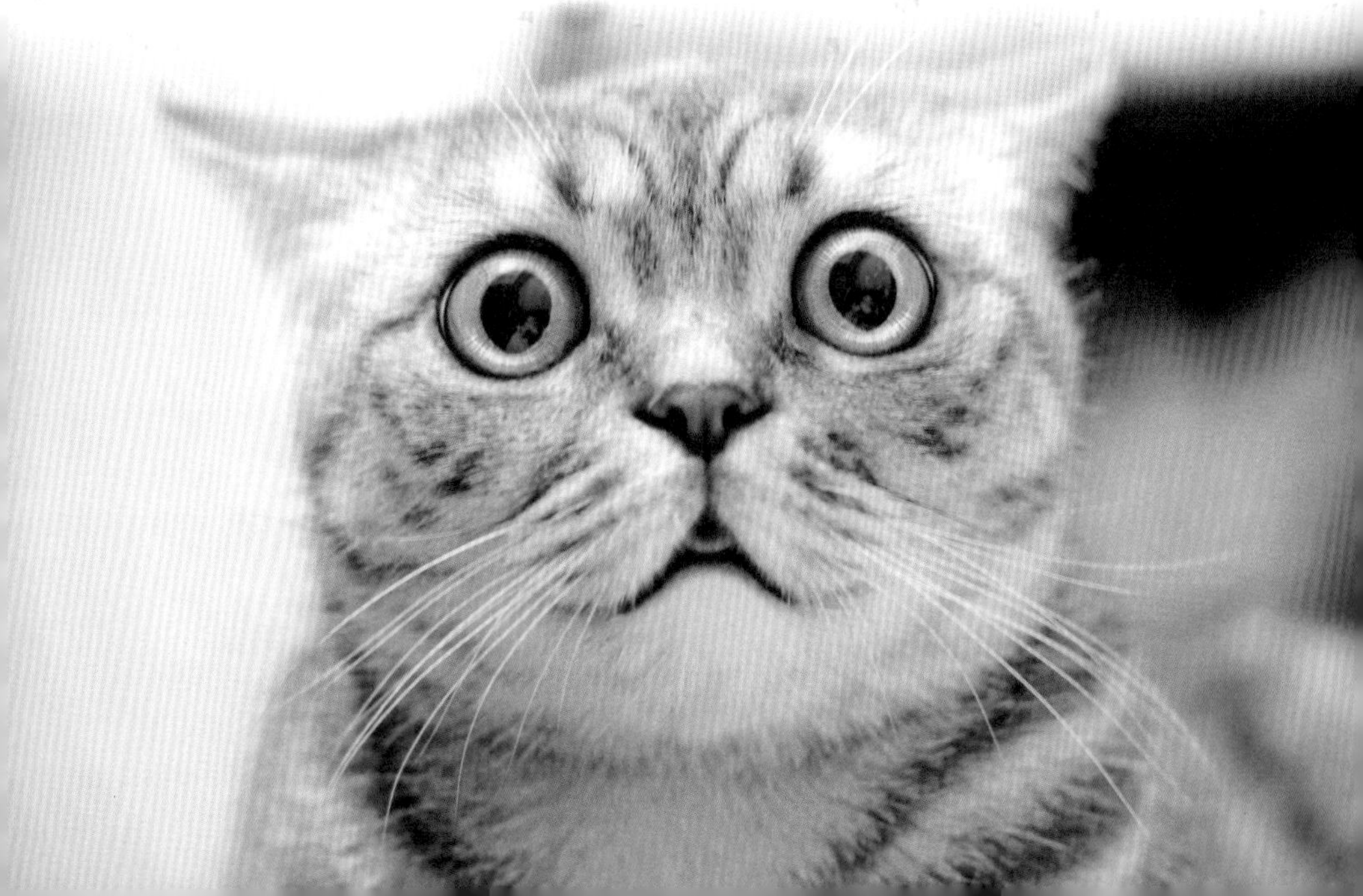

おびゆ【怯ゆ】自

意味

こわがる。
おびえる。
恐ろしくてびくびくする。

文献

◆物におそはるる心地して、「や」とおびゆれど〈源氏物語 帚木〉

訳 物の怪に襲われる気がして、「あ」と言っておびえるけれど

Ermolaev Alexander

Oleksandr Lytvynenko

おぼ・ゆ  

意味

- (自然に)思われる。
- (おのずから)感じられる。気がする。
- 思い出される。思い浮かぶ。想像される。
- 似る。似通う。面影がある。
- (他の人から)思われる。
- 骨身にしみる。分かる。

◆**紫のゆかりを見て、続きの見まほしくおぼゆれど、人語らひなどもえせず**〈更級日記〉

訳 (「源氏物語」の)若紫の巻を読んで、(その)続きが読みたいと思われるけれど、人に相談することもできない

◆**なほふとおぼえつつ**〈源氏物語 野分〉

訳 やっぱり、ふと(紫の上のことが)思い出されて

おもしろ・し【面白し】形

🐾趣がある、美しい。すばらしい。風流である。

🐾楽しい。心が晴れ晴れする。

🐾風変わりである。珍妙である。

◆**今、参りつる道に、もみぢのいとおもしろき所のありつる**〈更級日記〉

訳 今、通って参りました道に、もみじが非常に美しい所があって

◆**舟人これを見て、「あらおもしろや、いかなるものやらん」とて、河の岸へ投げ上ぐる**〈御伽草子 鉢かづき〉

訳 船頭がこれを見て、「おや珍妙だなあ、どんなものだろうか」といって、河岸に投げ上げる

おも・ふ【思ふ】他

意味

- （心に）思う。考える。思案する。
- いとしく思う。恋する。
- なつかしく思う。回想する。
- 望む。願う。希望する。
- 心配する。悩む。嘆く。苦しく思う。
- 想像する。予想する。
- …そうな顔をする。

文献

◆目に見えぬ鬼神をもあはれとおもはせ
〈古今和歌集 仮名序〉

訳 目に見えない万物の霊魂までも感慨深く思わせ

COLUMN

#01

日本に猫が来たのは飛鳥時代？

「空前の猫ブーム」といわれて久しいですが、猫はその見た目や行動のかわいらしさなどから、私たちの暮らしにとても重要な存在となっています。現在、日本では約880万頭もの猫がペットとして飼われており、犬の約705万頭を大きく上回っています。（※）

日本に猫が最初にやって来たのは、1300～1400年前の飛鳥時代から奈良時代とされ、中国から船に乗せられ、仏典をネズミから守るために仏教と一緒に渡ってきたといわれていました。

それからずっと後の江戸時代後期に著された『随筆・愚雑俎（ぐざっそ）』によると、仏典を守るためにネズミの駆除役として猫を船に乗せることはよくあることだったようです。

しかし、近年の調査・研究によって日本の猫のルーツが大きく変わりました。長崎県壱岐市にあるカラカミ遺跡（弥生時代の環濠集落遺跡）から、2011年に日本最古のイエネコの骨が発見。その後の調査研究により、2014年には正式に「イエネコの骨である」と発表されました。約2000年前の弥生時代には、すでに日本に猫がいたのです。当時は穀物を守るために、ネズミや昆虫の駆除役として飼われていたよう。

ちなみに猫の祖先は、5000万年ほど前にヨーロッパ大陸などにいた「ミアキス」と呼ぶ小型肉食動物です。ラテン語で「動物の母」を意味し、猫をはじめ、犬、熊、タヌキなどの祖先でもあります。

縄文時代
弥生時代
古墳時代
飛鳥時代
奈良時代
平安時代
鎌倉時代
室町時代
安土桃山時代
江戸時代
明治時代

カラカミ遺跡で猫の骨が見つかった

約1400年前に猫は日本にやってきたといわれていた

※ペットフード協会発表の「2022年全国犬猫飼育実態調査 結果」より

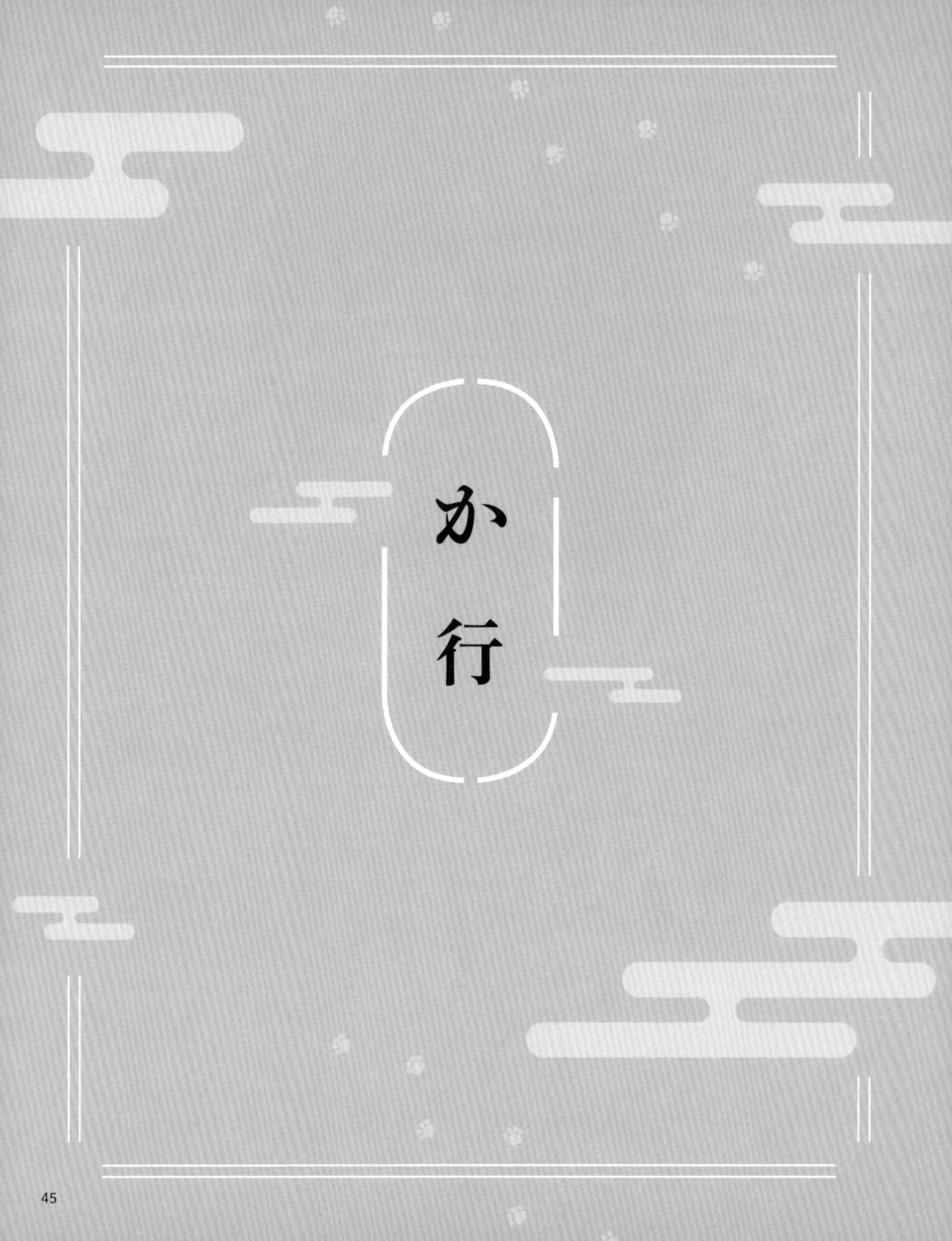

か行

Ricky

かかづらふ【拘ふ】自

意味

関係する。かかわりをもつ。かかわり合う。従事する。とらわれる。こだわる。まといつく。まとわりつく。つきまとう。出家しないでいる。生き長らえる。

文献

◆**受領といひて、人の国の事にかかづらひ営みて**〈源氏物語 帚木〉

訳 受領といって、地方の政務にかかわりをもって忙しく働き

◆**涙を尽くしかかづらはむもいとうひうひしかるべし**〈源氏物語 夕霧〉

訳 涙を流し尽くし、（落葉の宮に）まといつこうとするのも、まことにうぶな感じにちがいない

かく・る【隠る】

意味

隠れる。

高貴な人が亡くなる。

物陰に入って見えなくなる。

人目を避ける。

◆**青山に日がかくらばぬばたまの夜は出でなむ**〈古事記 上 大国主神 歌謡〉

訳 緑の濃い山に日が隠れたら、夜には出てきてくれないか

◆**この男、逃げて奥にかくれにければ**〈伊勢物語 五八〉

訳 この男が、逃げて奥まった所に隠れてしまったので

ap-studio

かくれ・る 自

隠れて座る。隠れてじっとしている。

◆**前栽の中にかくれゐて…**〈伊勢物語 二三〉

訳 植え込みの中に隠れてじっとしていて

豆知識

平安時代には、隠れ蓑・隠れ笠の存在が知られ、『拾遺和歌集』では「忍びたる人のもとに遣はしける隠れ蓑隠れ笠をも得てしがな来たりと人に知られざるべく」という和歌が詠まれています。

Vladislav Karpyuk

Konstanttin

嘆き恨んでいるようだ。また、言いわけめいている。

◆心のままに茂れる秋の野らは、置きあまる露に埋もれて、虫の音かごとがましく〈徒然草 四四〉

訳 (草木が)思いのままに茂っている秋の野原(のような庭)は、あふれるほどいっぱいにおりている露に覆われて、虫の鳴き声が嘆き恨んでいるように聞こえ

かな・し【愛し 悲し・哀し】形

意味

【愛し】

🐾かわいい。いとしい。

🐾心ひかれる。すばらしい。

🐾みごとに。うまく。

【悲し・哀し】

🐾せつない。悲しい。

🐾気の毒だ。かわいそうだ。

🐾貧しい。生活が苦しい。

🐾くやしい。ひどい。

◆**詠みけるを聞きて、限りなくかなしと思ひて**〈伊勢物語 二三〉

訳 (女が男を思う歌を)詠んだのを聞き、(男は女を)このうえなくいとしいと思って

◆**ひとりある倅を行く末の楽しみに。かなしき年を経りにしに**〈井原西鶴 日本永代蔵 一・三〉

訳 一人いる息子を将来の楽しみにして、貧しい生活を送っていたが

かへりみる【顧みる・省みる】他

- 後ろを振り返ってみる。
- 過去の自分を振り返る。反省する。
- 気にかける。気にする。
- 目をかける。世話をする。

◆**かつあらはるるをもかへりみず**〈徒然草 七三〉

訳（話しているはしからうそが）すぐにばれるのも気にかけないで

◆**ようかえりみてこそさぶらはせ給はめ**〈枕草子 関白殿、二月二十一日に〉

訳 よく目をかけて、あなた（＝中宮定子）のおそばにお仕えさせなさるのがよい

豆知識

文献にある枕草子の「ようかえりみてこそ…」は、中宮定子の父である藤原道隆の言葉です。

きこ・ゆ【聞こゆ】自

意味

🐾聞こえる。
🐾評判になる。世に知られる。
🐾理解できる。わけが分かる。

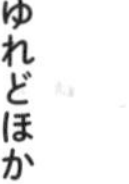

文献

◆**谷川の流れは雨ときこゆれどほかよりけなる有明の月**〈更級日記〉

訳 谷川の流れは雨のように聞こえるが、外は雨どころか、ほかのどこよりいちだんと冴えわたった有り明けの月が照らしていることだ

◆**かつあらはるるをもかへりみず、口にまかせて言ひ散らすは、やがて浮きたることときこゆ**〈徒然草 七三〉

訳 話すそばからばれるのも考えずに、出まかせにしゃべりちらすそは、すぐに根拠のないことだと分かる

Anne Richard

におうぞ…

くさ・し【臭し】形

意味

🐾いやなにおいがする。臭い。

🐾怪しい。うさんくさい。

文献

◆取り捨つるわざも知らねば、くさき香世界にみち満ちて
〈方丈記〉

訳（餓死した人の死体を）取り除く手段もわきまえていないので、臭いにおいが周囲一帯に満ち広がって

くちをし

【口惜し】形

意味

- 残念だ。がっかりする。
- 不本意だ。おもしろくない。
- つまらない。
- 物足りない。劣っている。
- 情けない。

文献

◆**忘れがたく、くちをしきこと多かれど、え尽くさず** 〈土佐日記 二月十六日〉

訳 （愛する娘の死など）忘れられない、残念なことはたくさんあるが、書き尽くすことはできない

◆**いとくちをしく、ねぢけがましきおぼえだになくは** 〈源氏物語 帚木〉

訳 とても不本意で、ひねくれたところさえなかったら

Sharomka

だるー

Kanyanat Wimonkanjana

けーだい【懈怠】

名

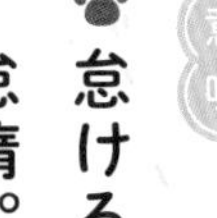

意味

怠けること。怠ること。怠惰。怠慢。

文献

◆けだいの心、みづから知らずといへども、師これを知る〈徒然草 九二〉

訳 怠慢の心は、自分では気がつかないといっても、師はこれを見抜く

Isabella Marlen

こころ・う【心得】自

わけが分かる。理解する。悟る。納得がいく。

用心する。気をつける。

（武術や芸能などの）たしなみがある。心得がある。精通する。

引き受ける。承知する。

◆**世にはこころえぬことの多きなり**〈徒然草 一七五〉

訳 世の中には納得がいかないことがたくさんあるものだ

◆**転び落ちぬやうに、こころえて炭を積むべきなり**〈徒然草 二一三〉

訳 （天皇や上皇の前にある火鉢の火種が）転がり落ちないように、気をつけて炭を盛らなければいけない

こころ-う・し【心憂し】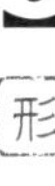

情けない。つらい。嘆かわしい。
不愉快だ。いやだ。

◆**仁和寺にある法師、年寄るまで、石清水を拝まざりければ、こころうく覚えて**〈徒然草 五二〉

訳 仁和寺にいる僧が、年をとるまで、石清水八幡宮に参拝したことがなかったので、嘆かわしく思われて

◆**かぎりなく妬くこころうしと思ふを忍ぶるになむありける**〈大和物語 一四九〉

訳 （女は男がほかの女のもとに通うのを）このうえなく腹立たしく不愉快だと思うが、じっとこらえていたのだった

豆知識

名詞「こころ」に形容詞「うし」がついた語。つらいと嘆く自分を情けないと思う気持ちを表し、さらに他人に対する不愉快な気持ちも表します。

こころづき-な・し【心付き無し】形

意味

不愉快だ。いやだ。
気に食わない。
心がひかれない。
気が進まない。
興味がわかない。

文献

◆わが身ながらも、さばかりの人に心分け給ふべくはおぼえぬものをと、いとこころづきなけれど〈源氏物語 若菜下〉

訳 自分のことだが、その程度の男（＝柏木）に（女三の宮が）心を移しなさるはずはないと思われるのだが、と、（光源氏は）非常に不愉快だが

◆こころづきなきことあらん折りは、なかなかそのよしをも言ひてん〈徒然草 一七〇〉

訳 気が進まないことがあったらその時は、かえってそのわけを言ってしまおう

Setsuko Miyazaki

豆知識

感覚的、情緒的に自分の気持ちに合わないものへの嫌悪感を表す言葉です。

こ

vvvita

こころーと・く【心解く】自

意味 気を許す。気が緩む。うちとける。

文献 ◆**人離れたる所に、こころとけて寝ぬるものか**〈源氏物語 夕顔〉

訳 人気のない所で、気を許して寝るものだろうか

豆知識

「こころ」は、凝ると同根語で、コルまたはココルとも言い、ココルからココロへと変化。凝りかたまったものの意があり、有形の心臓などを具体的にさしました。

Sergii Figurnyi

こ

こころーにく・し【心憎し】形

意味

よく知りたい。興味がある。心ひかれる。

奥ゆかしい。すぐれている。深みがある。

恐ろしい。警戒すべきだ。

怪しい。いぶかしい。

文献

◆こころにくきもの。ものへだてて聞くに、女房とはおぼえぬ手の、しのびやかにをかしげに聞こえたるに〈枕草子 心にくきもの〉

訳 よく知りたいと思うもの。ものを隔てて耳に入るが、女房とは思われない演奏が、ひっそりと趣あるように聞こえたときに

豆知識

「にくし」は不快だ、見苦しいという意ではなく、みごとだ、すぐれているという意。対象のようすがはっきりしないので、強く心がひかれるさまや気持ちを表します。

こころもとな・し【心許なし】

形

意味

- 待ち遠しい。じれったい。
- 気がかりだ。ぼんやりしている。不安だ。
- はっきりしない。かすかだ。ほのかだ。

文献

◆**心地のあしく、ものの恐ろしき折、夜の明くるほど、いとこころもとなし**
〈枕草子 心もとなきもの〉

訳 気分が悪く、なんとなく恐ろしいときは、夜が明けるまでの間が、本当に待ち遠しい

早く帰ってこーへんかな…

豆知識

もとは「心が落ち着かない」の意。期待や願望が実現しないことによる、じれったさ、焦燥感、不安感を表します。

こころ-やす・し【心安し】形

意味

- 安心だ。心穏やかだ。気楽だ。
- 親しい。遠慮がいらない。
- 気がおけない。気安い。
- 容易だ。たやすい。
- 簡単だ。気軽だ。

文献

◆人よりはこころやすくなれなれしく振る舞ひたり〈源氏物語 帚木〉

訳 （頭中将は）他の人よりは（光源氏に対して）遠慮なくなれなれしくふるまっている

◆道にも敵待つなれば、こころやすう通らんこともありがたし〈平家物語 七 維盛都落〉

訳 道中でも敵が待っているそうだから、簡単に通っていくようなことは困難だ

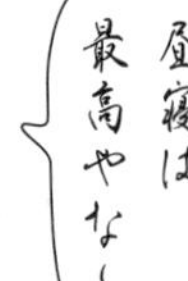

昼寝は最高やな～

こころ-よ・し【心良し・心好し・快し】形

【心良し・心好し】

・気立てがよい。性格がよい。お人よしだ。

【快し】

・楽しい。愉快だ。うれしい。

・気持ちよい。気分がよい。

・（病気から回復して）気分がよい。

◆本性はいと静かにこころよく、児めき給へる人の

〈源氏物語 真木柱〉

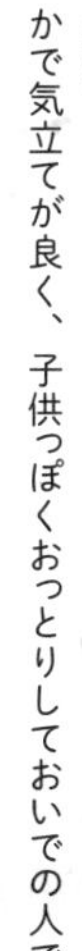

訳 （鬚黒の大将の北の方は）生まれつきの性質は非常に穏やかで気立てが良く、子供っぽくおっとりしておいでの人で

New Africa

こも・る【籠る・隠る】 

- 包まれている。囲まれている。
- ひそむ。隠れ住む。
- 閉じこもる。引きこもる。
- 神社や寺に泊まって祈願する。参籠する。

◆みちのくの安達の原の黒塚に鬼こもれりと聞くはまことか〈大和物語 五八〉

訳 陸奥の安達が原の黒塚に鬼が隠れ住んでいると聞くが本当であろうか

◆この女は蔵にこもりながら〈伊勢物語 六五〉

訳 この女は蔵に閉じこもったままで

Larisa Lo

COLUMN #02

平安時代は空前の猫ブームだった!?

ネズミの駆除役として目立った存在ではなかった猫ですが(↓P．44)、平安時代になると、その立ち場は一変。多くの貴族が飼うようになり、宮中に上がるまでの大出世を遂げました。そして、人々の暮らしに深く浸透しはじめたのです。

平安中期の889年(寛平元年)、宇多天皇(867〜931年)が綴られた『宇多天皇御記(寛平御記)』は日本初の「飼い猫」の記録がある文献で有名。

そこには、父であり先帝の第58代天皇・光孝天皇(830〜887年)から譲り受けた黒猫について、「毛色はどの猫よりも美しい墨のような漆黒をしている」「屈むとキビの粒のように小さくなり、伸びをすると弓を張ったように長くなる」「歩くときは音を立てず、まるで雲上の黒龍のようである」「ほかの猫より敏捷で、夜にはよく鼠を捕る」などと　愛猫自慢が並んでいます。「この猫を慈しむこと五年になる。毎日乳粥を与えている」という記述から、宇多天皇が17歳頃から大事にされていたとわかります。

この頃、宮中には中国から輸入された多くの「唐猫(↓P．112)」がいたようで、宇多天皇の愛猫も、もとは太宰府の次官である源精が唐の商船から入手した唐猫だといわれています。日本古来の「大和猫」ではなく「唐猫」を飼うことが、平安貴族たちのステータスで、流行りだったよう。

『夫木和歌抄』には「敷島の大和にはあらぬ唐猫の　君がためにぞ求めいでたる」という火山院(花山天皇、968〜1008年)の歌がありますが、これは、「在来種ではなく、いい猫(唐猫)が欲しいと義理の母である昌子内親王に求められ、特別に探し出して(他人の飼い猫を取り上げて)差し上げた」ことを意味。平安貴族の間では、猫を譲り渡すことが珍しくなかったことも推測できます。

COLUMN

#03

一条天皇の愛猫と清少納言

歴史上の人物のなかでも、無類の猫好きとして有名なのが平安中期の一条天皇（980－1011年）。ある日、猫が子猫を産むと「産養い（うぶやしない）」という祝宴を開き、右大臣や左大臣も呼んで盛大にお祝いをしました。〝猫の〟産養いとは前代未聞のことです。その際に生まれたメスの子猫に「命婦のおとど」という名を付け、五位の女官の称を与え、貴族の一員に。高貴な身分の者しか出入りできない天皇の住居・内裏（だいり）に、その猫も入れるようにしたのです。「命婦のおとど」には専属の乳母（おもり役）もつけられ、人間の赤ちゃんのように大事にされました。

「命婦のおとど」は日本に残る猫の名前としては、最古として知られています。

『枕草子』の作者として有名な清少納言は、一条天皇の后・藤原定子に仕えた女房です。『枕草子』は定子と、定子に仕える女房たちに巻き起こる日々のエピソードが綴られたエッセイのようなもので、「上にさぶらふ御猫は」には「命婦のおとど」が登場します（↓P.78）。

『枕草子』にはほかにも猫にまつわる記述があるのでいくつかご紹介します。

『枕草子』より

◆猫は上のかぎり黒くて、腹いと白き。

訳 猫は背中が黒くてお腹は白いのがいい。

◆なまめかしきもの。〈中略〉高欄に、いとをかしげなる猫の、赤き首綱に白き札つきて、いかりの緒、組の長きなどつけて、引きありくも、をかしうなまめきたり。

訳 優美なもの。高欄にとてもかわいい猫が、赤い引き綱で結ばれ白い札をつけている。重りの緒や長い組糸などつけて、それを猫が引っ張って歩く姿も、かわいくて優美だ。

◆むつかしげなるもの。縫ひ物の裏。猫の耳のうち。

訳 むさくるしく見えるもの。縫い物の裏。猫の耳の中。

さ行

さしーあふ・ぐ【差し仰ぐ】

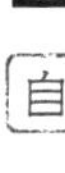

自

さ

意味

上を向く。仰ぐ。見上げる。

文献

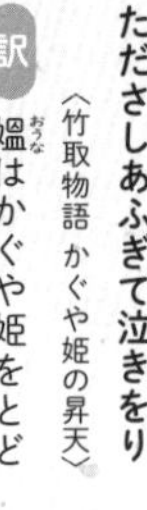

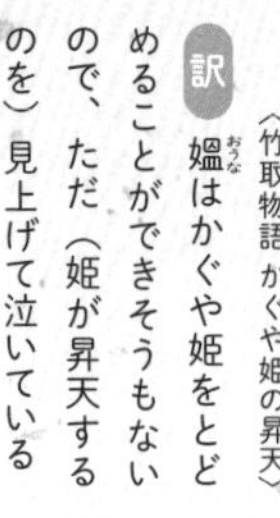

◆えとどむまじければ、たださしあふぎて泣きをり〈竹取物語 かぐや姫の昇天〉

訳 嫗（おうな）はかぐや姫をとどめることができそうもないので、ただ（姫が昇天するのを）見上げて泣いている

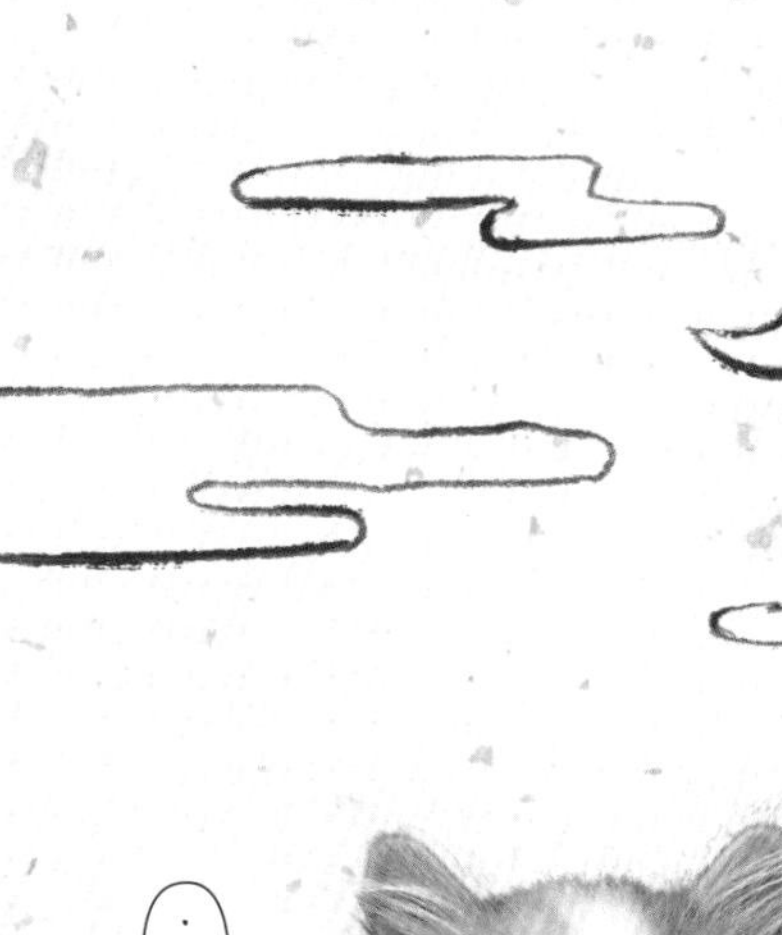

なんや！
なんや！
なんや！

さわが・し【騒がし】 形

意味

- 騒々しい。やかましい。
- 忙しい。あわただしい。取り込んでいる。
- 穏やかでない。不穏だ。落ち着かない。

文献

◆**風のいとさわがしく吹きて**〈枕草子 九月つごもり〉

訳 風がひどく騒々しく吹いて

◆**いとさわがしきほどなれど、御返りあり**〈源氏物語 賢木〉

訳 とても忙しいときであるのに、ご返事がある

しどけ-な・し 形

し

しまりがない。秩序がない。
雑然としている。だらしがない。
無造作だ。くつろいでいる。
うちとけている。
頼りない。しっかりしていない。
考えが幼い。

◆白き御衣どものよよかなるに、直衣ばかりをしどけなく着なし給ひて〈源氏物語 帚木〉

訳 白いお召し物で柔らかいもののうえに、直衣だけを無造作な状態にお召しになって

YRABOTA

今日もだらだら

見ちゃダメにゃ

Gładskikh Tatiana

しの・ぶ【忍ぶ】他

意味

人目につかないようにする。隠す。秘密にする。

感情を抑えてたえる。気持ちを抑える。こらえる。我慢する。

文献

◆しのぶるやうこそは、とあながちにも問ひ出で給はず〈源氏物語 夕顔〉

訳 (夕顔が素性を明かさないのは) 隠すわけがあるのだろう、と (光源氏は) 無理に聞き出そうとはなさらない

◆**しのぶれど涙こぼれ初めぬれば**〈源氏物語 帚木〉

訳 こらえても涙がこぼれ出してしまうので

スン

すさまじ【凄じ・冷じ】形

- 不調和でおもしろくない。興ざめだ。
- 期待はずれで面白くない。
- 殺風景だ。荒涼としている。寒々としている。
- 興味が薄い。冷淡だ。
- 思いやりがない。冷遇されている。かえりみられない。
- （程度が）激しい。ものすごい。
- とんでもないことだ。あきれたことだ。

豆知識

とめようがなく物事がどんどん進む意の動詞「すさむ」が形容詞化した語です。古くは「すさまし」と、清音だったといわれます。

すべ-な・し【術無し】形

なすべき方法がない。
どうにもしようがなくて苦しい。
どうしようもない。
途方にくれている。

◆**かくばかりすべなきものか世の中の道**〈万葉集 五・八九二・長歌〉

訳 こんなにもどうにもしようがなくて苦しいものなのか、世の中の道理は

豆知識

「術無し」の「術」を音読した「じゅつなし」「ずちなし」が平安時代中期ごろから次第に用いられ、歌語・雅語的に「すべなし」が用いられるようになりました。

Olya Detry

すます【清ます・澄ます・洗ます】 他

洗ってきれいにする。洗い清める。

（水・音・心などの）濁りがないようにする。すませる。しずめる。

注意を集中する。目をみはる。聞き耳を立てる。

◆女君は、暑くむつかしとて、**御髪すまして**〈源氏物語 若菜 下〉

訳 女君（＝紫の上）は、暑くて不快だというので、お髪を洗い清めて

◆心と思ひしづめ**心すまして**こそともかうも〈源氏物語 夕霧〉

訳 自分から気持ちを落ち着かせ心をすませてから、（出家するかどうか）どのようにでも（決めなさい）

Ortis

せ・く【塞く・堰く】 他

🐾（水の流れや涙を）せき止める。

🐾（男女の仲などを）じゃまする。制止する。妨げる。

◆**いとせきがたき涙の雨のみ降りまされば**〈源氏物語 幻〉

訳 本当にせき止めるのがむずかしい涙の雨だけがますます激しく降るので

◆**思い交はしたる若き人の仲の、せく方ありて心にもまかせぬ**〈枕草子 あはれなるもの〉

訳 愛し合っている若い人の仲が、じゃまする人がいて思いどおりにならない（のは、しみじみとさせられる）

そひ・ゐる【添ひ居る】

意味

そばについている。
付き添う。
（夫婦として）ともに暮らす。連れ添う。

◆異なる事なき女をよしと思ひ定めてこそそひゐたらめと〈徒然草 一九〇〉

訳 これといったとりえのない女を、よいと思い込んで連れ添っているのだろうと

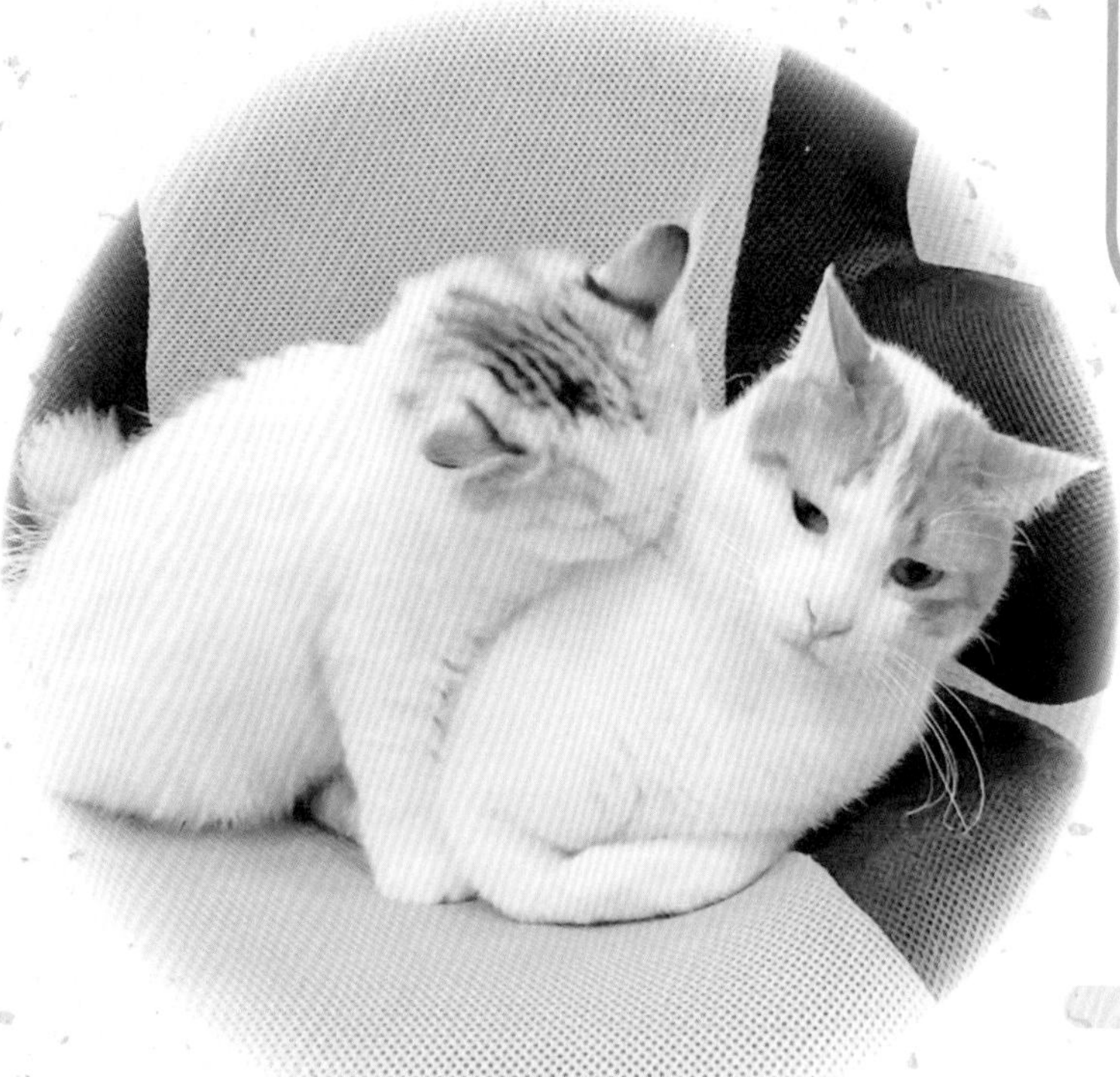

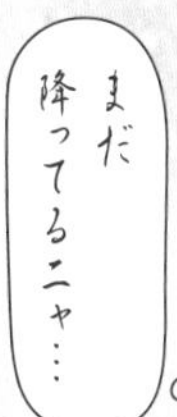

Mr.Pot JT

そほーふ・る【そほ降る】自

🐾（小雨が）しとしと降る。

◆時は三月のついたち、雨そほふるに遣りける〈伊勢物語 二〉
訳 時は陰暦三月の一日、（折しも）雨がしとしと降る中を（男は歌を詠んで女に）送った

豆知識
同じ意味の言葉として「そほつ（そぼつ）」があります。この言葉には「ぬれる、ぬれてびしょびしょになる」という意味もあります。

COLUMN

#04

『枕草子』の「上にさぶらふ御猫は」（第九段）

『枕草子』の「上にさぶらふ御猫は」には、一条天皇の愛猫「命婦のおとど（→P.66）」と一条天皇の后・定子が可愛がっていた犬の「翁丸（おきなまろ）」のエピソードが綴られています。その原文の冒頭部分と現代語訳をご紹介します。

原文

上にさぶらふ御猫（おおんねこ）は、かうぶりにて「命婦（みょうぶ）のおとど」とて、いみじうをかしければ、かしづかせたまふが、端に出でて臥したるに、乳母の馬の命婦、「あな、まさなや。入りたまへ。」と呼ぶに、日の差し入りたるに眠りてゐたるを、おどかすとて、「翁丸（おきなまろ）、いづら。命婦のおとど食へ。」といふに、「まことか」とて、しれものは走りかかりたれば、おびえ惑ひて、御簾のうちに入りぬ。

朝餉（あさがれひ）の御前に、上おはしますに、御覧じていみじうおどろかせたまふ。猫を御ふところに入れさせたまひて、男ども召せば、蔵人忠隆・

現代語訳

天皇にお仕えしているお猫さまは「命婦のおとど（※命婦とは五位以上の女官の称）」と呼ばれ、とてもかわいらしいので、天皇が大切にお育てになっている。この猫が、縁側に出て昼寝をしているので、（猫の）乳母（お世話係）の馬の命婦が、（※当時の高貴な女性は他人に寝ている姿を見せないことになっていたため）「あら、お行儀が悪い。（部屋へ）入りなさいませ」と呼ぶのに、言うことを聞かずに日の差し入っている縁側で眠り続けている。すると乳母は猫を脅かそうと、「（犬の）翁丸、どこにいるの。命婦のおとどに咬みついておやりなさい」なんて言った。それを聞いたバカ正直な犬の翁丸は、猫に飛びかかったので、猫は驚き逃げ回り、室内に入った。

朝餉の間に天皇がいらっしゃって、この様子をご覧になって、とても驚き、猫をふところにお入れになって近侍（男たち）をお呼びになると、

なりなか参りたれば、「この翁丸、うち調じて、犬島へつかはせ、ただ今。」と仰せらるれば、あつまり狩り騒ぐ。馬の命婦をもさいなみて、「乳母替へてむ。いと後ろめたし。」と仰せらるれば、御前にも出でず。犬は狩り出でて、滝口などして追ひつかはしつ。

「あはれ、いみじうゆるぎ歩きつるものを。三月三日、頭の弁の、柳かづらせさせ、桃の花をかざしにささせ、桜腰にさしなどして、歩かせたまひし折、かかる目見むとは思はざりけむ。」など、あはれがる。「お膳の折は、必ず向かひさぶらふに、寂々しうこそあれ」などいひて、三、四日になりぬる昼つ方、犬いみじう鳴く声のすれば、「なぞの犬の、かく久しう鳴くにかあらむ。」と聞くに、よろづの犬、とぶらひ見に行く。〈後略〉

蔵人（※天皇の秘書的存在）忠隆となりなかが参上したので、（天皇は）「この翁丸を打ちこらしめて、犬島に島流しにしてしまえ。今すぐ」とおっしゃったので、（男たちが）集まって、翁丸を捕まえて騒ぐ。（天皇は）馬の命婦も叱責して、「乳母も替えよう。とても不安だ」とおっしゃったので、（馬の命婦は恐怖で）天皇の御前にも出ない。犬は狩り出して、滝口（※宮中を警護する武士）などに命じて、追放してしまった。

（女房たちは）「ああ、（翁丸は）たいそう体をゆすって堂々と歩き回っていたのに。三月三日、蔵人頭が、柳の枝を頭に飾り、桃の花をかんざしに挿し、桜の枝を腰に挿したりなどして、歩かせなさったときには、（翁丸が）こんな目にあうとは思わなかっただろうに」などと、気の毒に思う。「（清少納言が仕えていた定子が）お食事の時には、必ずこちらに向かって控えていたのに、（いなくなって）さびしいことだなぁ」などと言って、三、四日が経った昼頃、犬がひどく鳴く声がするので、（私は）「どのような犬がこのように長く鳴いているのか」と思って聞いていると、たくさんの犬が、様子を見に行く。〈後略〉

※その後、翁丸と思われる犬が戻ってきて、（翁丸は）元どおりに（宮中で飼われるように）なった。

COLUMN #05

『源氏物語』に登場する猫とは？

『源氏物語』は紫式部が平安中期に書いた長編物語です。実は、紫式部も猫が好きだったといわれており、『源氏物語』の「若菜」上・下巻に、重要な役割として猫を登場させています。ここでは、その猫にまつわる部分をご紹介します。

若菜の巻にて、事件を起こした猫

光源氏は、二番目の正妻として、朱雀院の第三皇女である女三の宮を迎えました。それに嫉妬したのが頭中将（内大臣）の長男で、優秀な青年・柏木です。柏木は、女三の宮に恋をしていましたが、身分が低く、結婚が叶いませんでした。しかし、その思いを断ち切れずにいました。

ある春の日、光源氏と女三の宮が住んでいる邸宅の庭で、柏木ら若い男性たちが蹴鞠に興じていると、事件が起きます。女三の宮が飼っていた「いと小さくをかしげなる」猫を、それより少し大きい猫が追いかけはじめ、猫たちの、つなげられていたひもが絡んで、御簾（内外を仕切る簾）がずれてしまったのです。室内があらわになり、女三の宮の顔が柏木に見られてしまいました。当時の貴族の女性は、男性に顔を見られるということはあってはなりませんでしたが、この件をきっかけに、柏木は、女三の宮への恋心をさらに募らせることに。柏木は「恋が叶わないならせめて、女三の宮のところにいる猫が欲しい」と考え、御簾をずらした子猫を引き取り、その猫を女三の宮だと思い溺愛しました。

しかし、その後も柏木は女三の宮を諦めきれず彼女の部屋に押しかけ、不倫関係が結ばれることに。女三の宮は、柏木との子ども・薫を身ごもることになったのです。

猫がきっかけになったといわれている、柏木と女三の宮の不倫関係なのでした。

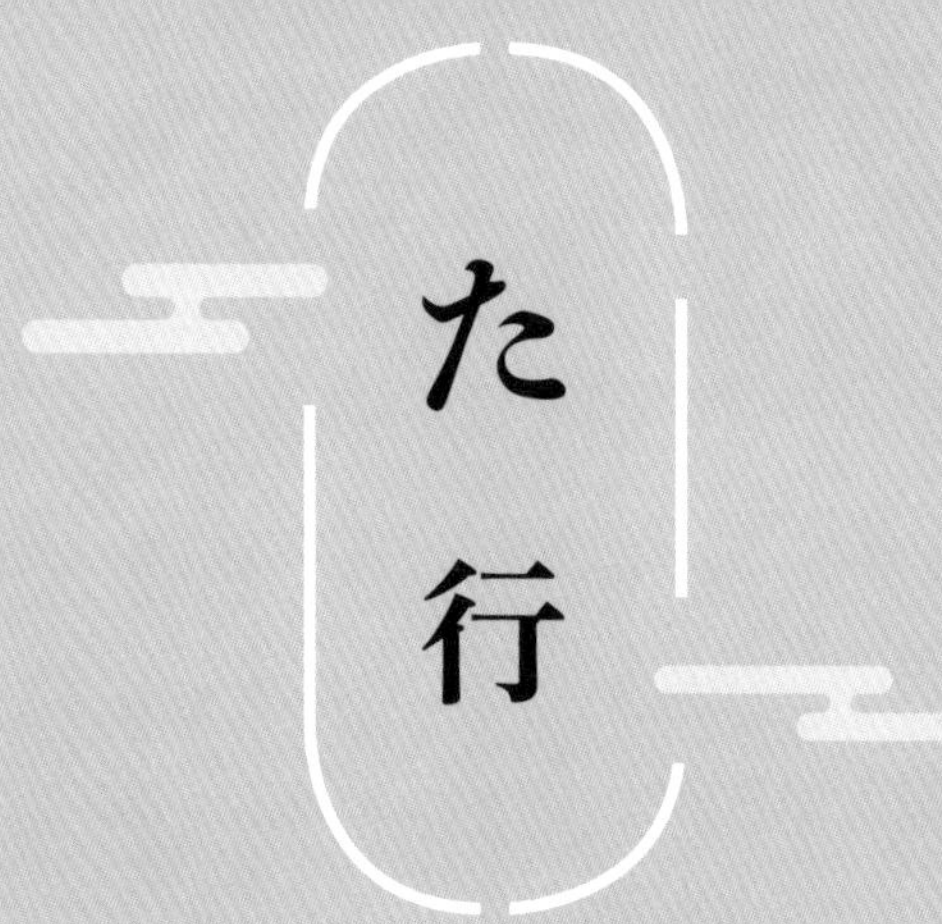

た行

Nils Jacobi

うろうろ…

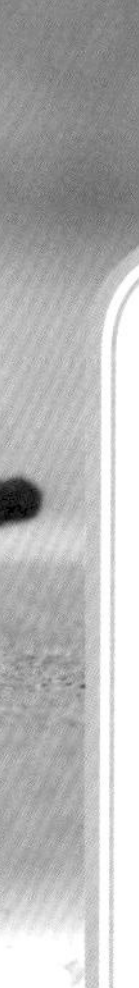

たたずみ-あり・く【佇み歩く】自

🐾あちらこちらで立ち止まっては歩く。うろつき歩く。

◆**鹿のたたずみありくもめづらしく見給ふに**〈源氏物語 若紫〉

訳 鹿があちらこちらで立ち止まっては歩くのも、（光源氏は）珍しいとご覧になると

◆**かの家に行きてたたずみありきけれど**〈竹取物語 貴公子たちの求婚〉

訳 あの（かぐや姫の）家に行ってうろつき歩いたが

たはぶる【戯る】

自

意味

ふざける。冗談を言う。

遊び興じる。

みだらなふるまいをする。

文献

◆我に並び給へるこそ君はおほけなけれ、となむたはぶれ聞こえ給ふ〈源氏物語 玉鬘〉

訳 私（=光源氏）と対等に連れ添っていらっしゃるなんて、あなた（=紫の上）は身の程知らずだ、とふざけ申し上げなさる

◆夏のことなれば、なにとなう河の水にたはぶれ給ふほどに〈平家物語 三・医師問答〉

訳 夏のことであるので、なんとなく川の水で遊び興じなさるうちに

Bachkova Natalia

たゆ・む【弛む】 自・他

Blanscape

気がゆるむ。油断する。弱まる。（自）

怠る。怠ける。（他）

気をゆるめさせる。油断させる。（他）

◆たゆまるるもの。精進の日の行ひ〈枕草子 たゆまるるもの〉

訳 自然と気がゆるむもの。精進の日（＝仏道修行の日）の勤行

◆御行ひを時の間もたゆませさせ給はずせさせ給ふ〈源氏物語 薄雲〉

訳 ご勤行を一時の間も怠けることをなさらないでお勤めなさる

豆知識

もともとの意は緊張がゆるむ状態のことです。

ちか・し【近し】形

意味

- （空間的・距離的に）隔たりが少ない。身近だ。近い。
- （時間的に）隔たりが少ない。近い。
- （心理的に）隔たりが少ない。親しい。
- 血縁関係が深い。
- 血縁関係が近い。近親だ。
- 物事の内容・性質が似ている。縁が深い。
- 親しい。仲がよい。

文献

◆「いづれの山か、天に近き」と、問はせ給ふに〈竹取物語 富士の煙〉

訳「どこの山か、天に近いのは」とお聞きになるので

Nynke van Holten

Chendongshan

ちゅき

つ・く【付く・着く・就く・即く・憑く】自・他

※自動詞のみ記載。

- くっつく。付着する。体を寄せる。
- 身につく。備わる。
- （感情や考えが）生まれる。起こす。気に入る。
- （神や物の怪（け）などが）取りつく。乗り移る。
- 後に従う。味方する。
- 付き添う。寄り添う。
- （態度が）決まる。はっきりする。
- 届く。到着する。
- （ある地位に）就く。即位する。着席する。
- （「つきて」の形で）関して。ちなんで。

つとめーて 名

早朝。

（前夜、何かことがあった）翌朝。
翌早朝。

文献

◆**冬はつとめて。雪の降りたるはいふべきにもあらず**〈枕草子 春はあけぼの〉

訳 冬は早朝（が趣があってよい）。雪が降り積もっているのは言うまでもない

◆**みな寝て、つとめて、いととく局に下りたれば**〈枕草子 頭中将の〉

訳 みな寝てしまって、翌朝、たいそう早く（自分の）部屋に退出していたところ

Metin Celep 2

つれ－づれ【徒然】

名・形動・副

- 何もすることがなく退屈な気持ち。所在なく手持ちぶさたなこと。（名）
- 孤独でもの寂しい気持ち。寂しくもの思いに沈むこと。（名）
- 何もすることがなく退屈だ。所在なく、手持ちぶさただ。（形動）
- 孤独でもの寂しい。何もなくもの寂しい。（形動）

◆**つれづれなるままに、日暮らし、硯に向かひて**〈徒然草 序〉

訳 所在なく手持ちぶさたなのにまかせて、一日中、硯に向かって

……

Kitsada Tan Lumphao

どう・な・し【動無し】形

意味 **動じる様子がない。心を動かす気配がない。**

文献

◆**さらに例のどうなきを、せめて言はれて**〈源氏物語 明石〉

訳 （明石の上は）まったくいつものとおり動じるようすがない（＝光源氏からの便りに返事をしようとしない）が、（父から）無理に言われて

◆**どうもなくて奥なる御座に入り給ひぬ**〈源氏物語 帚木〉

訳 動じる様子もなく、奥のご座所にお入りになった

ところ-せ・し【所狭し】形

場所が狭い。いっぱいだ。手狭だ。
不自由で窮屈だ。気づまりだ。
堂々としている。重々しい。
仰々しい。おおげさだ。
やっかいだ。扱いにくい。

◆御勢いまさりて、かかる御住まひもところせければ、三条殿に渡り給ひぬ〈源氏物語 藤裏葉〉

訳（夕霧も中納言になり）ご権勢が大きくなり、このような住まいも手狭なので、三条殿にお移りになった

豆知識

場所が狭いという意から、窮屈だ、扱いにくいの意となり、さらに場所が狭いくらい堂々としている、おおげさだの意となりました。

Park Kyuhwan

とど・む【止む・留む・停む】

- とめる。とどめる。
- 制止する。引きとめる。とめる。おさえる。
- 中止する。取りやめる。やめる。
- （心や耳・目に）とめる。
- 注意を向ける。関心を寄せる。
- 後に残す。

◆**行く船を振りとどみかねいかばかり恋しくありけむ松浦佐用姫**〈万葉集 五・八七五〉

訳（去って）行く船を（領巾という女性が肩にかけた細長い白い布を）振ってとめることもできないで、どんなにか恋しかったことだろう、松浦佐用姫は

とぶら・ふ【訪ふ・弔ふ】他

意味

【訪ふ】

訪問する。訪れる。

調べる。求める。

見舞う。

面倒をみる。

世話をやく。

【弔ふ】

死者を悼む。

弔問する。

供養する。

文献

◆この二つの琴のねせむ所には、婆婆世界なりとも、必ずとぶらはむ〈宇津保物語 俊蔭〉

訳 この二つの琴の音のする所へは、現世の人間世界のどこであろうとも、きっと訪れよう

◆遠く異朝をとぶらへば〈平家物語 一・祇園精舎〉

訳 遠くの異国である中国を調べてみると

とまる【止まる・留まる・停まる・泊まる】自

【止まる・留まる・停まる】

- 動かなくなる。立ち止まる。
- 中止になる。取りやめになる。
- 後に残る。生き残る。
- （心や目・耳に）つく。引きつけられる。印象づけられる。

【泊まる】

- 港に船が停泊する。
- 宿泊する。宿直する。

◆日暮れにたる山中に、あやしきぞ。とまり候へ〈徒然草 八七〉

訳 日が沈んでしまった山の中で、不審なことだ。立ち止まりなさい。

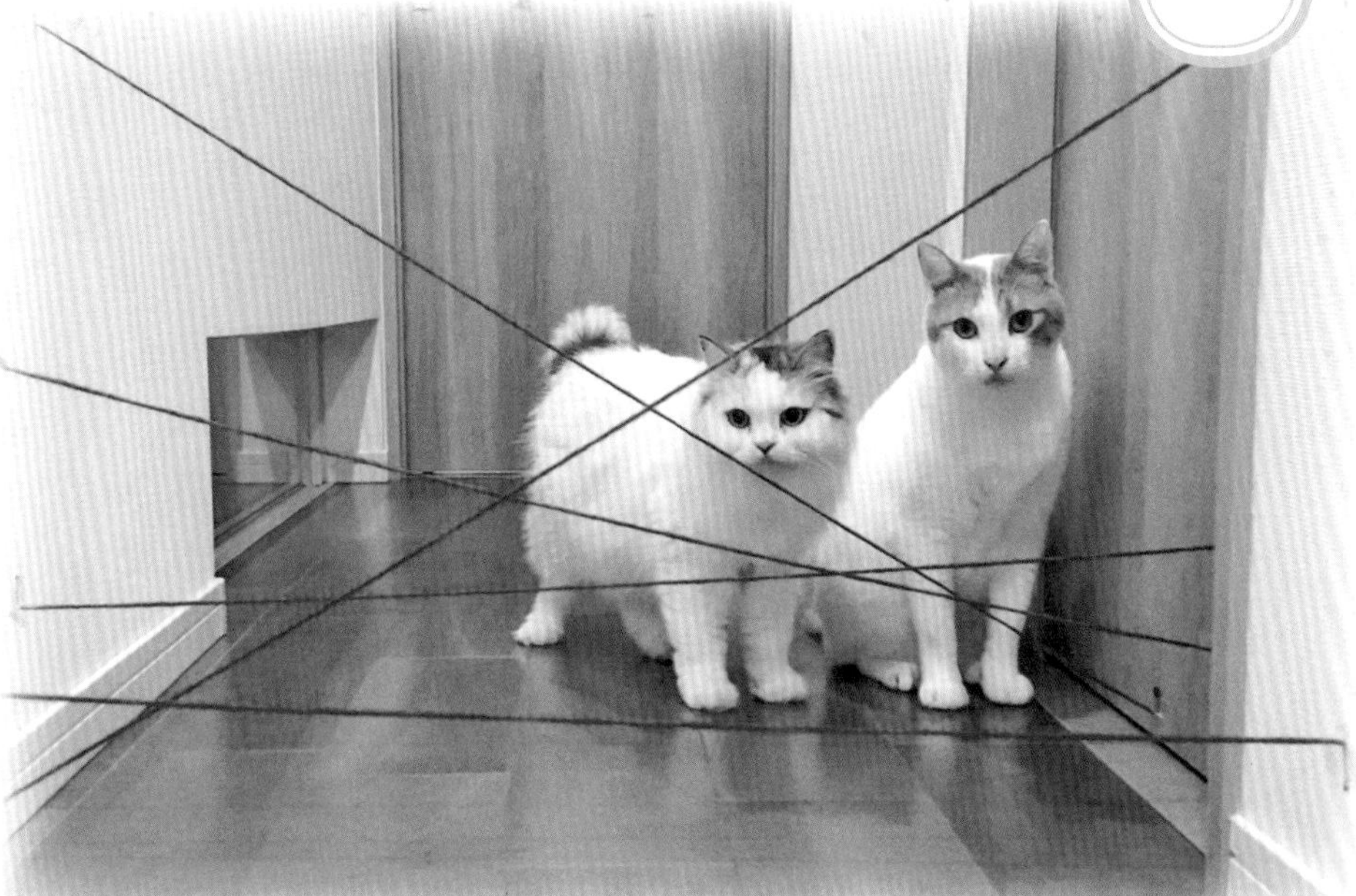

とらふ【捕らふ・捉ふ・執らふ】他

意味

- 手でつかむ。しっかり持つ。握る。
- 取り押さえる。つかまえる。
- 問題にする。取り上げる。

文献

◆**いとをかしげなる指にとらへて、大人などに見せたる**〈枕草子 うつくしきもの〉

訳（子供が小さな塵を目ざとく見つけて）たいそうかわいらしい指でつかんで、大人などに見せている（のはたいそう愛らしい）

◆**逃げんとするを、とらへて、ひきとどめて、すずろに飲ませつれば**〈徒然草 一七五〉

訳（酒が飲めなくて）逃げようとするのを、つかまえて、引き止めて、むやみに（酒を）飲ませてしまうと

豆知識

「取る」から派生した語。「手に持つ」という具体的な動作を本義に、抽象的な事柄へと発展しました。

とり‐あ・ふ【取り合ふ】

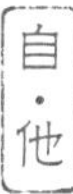

🐾相手になる。かかわり合う。（自）
🐾調和する。つり合う。（自）
🐾先を争って奪い合う。（他）
🐾よく調和させる。折に合わせる。（他）
🐾問題として取り上げる。相手にする。（他）

文献

◆**倉ども、みな開けて、かく宝どもみな人のとりあひたる**〈宇治拾遺物語 六・三〉

訳 倉を、全部あけて、こんなふうに多くの財宝をすべての人たちが先を争って奪い合っていたのは

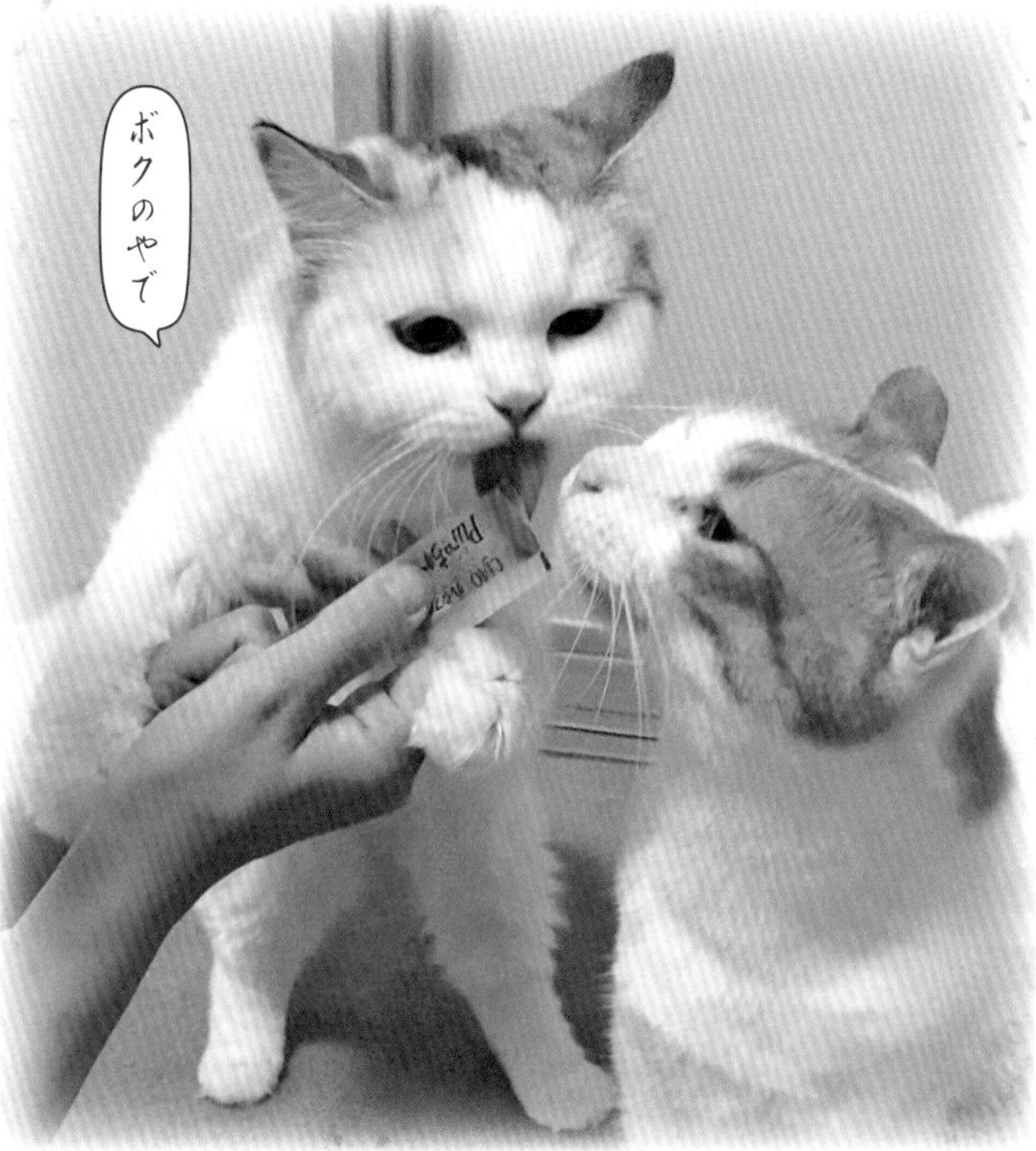

COLUMN

#06

“猫”の語源は「寝子」ってほんと？

猫の語源は、よく寝ているため「寝る子」説、「寝」と「好む」を合わせた説、「鼠」をとる「神（こま）」で「鼠神（ねこ）」という説、「ねうねう」鳴く「子」という説などさまざまあります。さて、その所以を探りましょう。

文献上、猫の存在が初めて確認できるのは、奈良時代末期から平安時代初期に編纂された仏教説話集『日本霊異記（810〜824）』。ここには「我、正月一日狸（祢己）に成りて汝が家に入りし時…」と、「狸」の訓釈として「祢己（ねこ）」の文字がつけられています。

その後の『新撰字鏡（898〜901）』という漢和辞書には「貍　力疑反猫／也似虎少」と記述があり、「狸とは猫のことで、虎に似ているが小さい」という意が表されています。平安時代前期に成立した『本草和名（918頃）』によると、「家狸、一名猫、和名祢古末」と書かれており、これは「家狸…猫ともいう、和名は祢古末（ねこま）」の意。

ここまでで平安前期以前は、狸と猫は混同されており、家猫・飼い猫を「猫」と表現したと推測することができます。

平安中期の『和名類聚抄（931〜938）』には「猫　野王案、猫［音／苗和名／祢古万」似虎而小、能捕鼠、為粮」と記述があり、大訳すると「猫…野王案（※野王とは梁の顧野王のこと）、音は反切法で［苗（ミヤオ）、和名はねこま］虎に似ていて小さい。鼠を捕るのが得意で、それを食べている」です。それから時を経て、江戸時代の国語辞書『倭訓栞（1777〜1887）』を見てみると「ねこ」の説明の冒頭に「猫をいふ。寝子の義。眠りを好む獣也。…」とあり、「寝子」の文字が見られました。同書の「ねう」の説明には「猫の声をねうねうという」との記述もあります。

な行

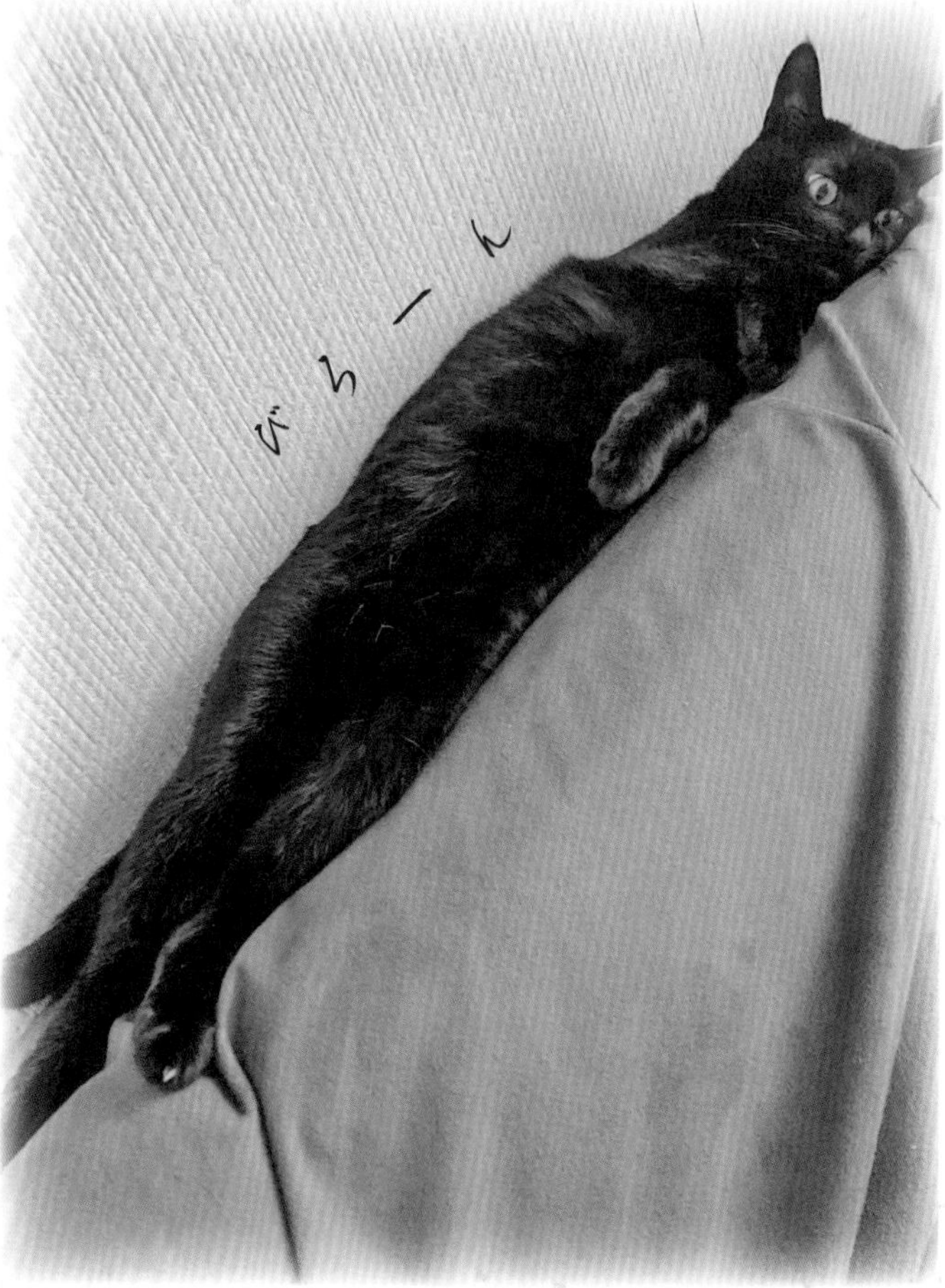

Chiaki Hirasawa

ながーなが・し【長長し】形

意味 **非常に長い。**

文献 ◆あしひきの山鳥の尾のしだり尾のながながし夜を ひとりかも寝む

〈拾遺和歌集 恋三・七七八〉

訳 山鳥の尾の長く垂れた尾ではないが、長い長い夜を私はたったひとりで寝るのだろうか

なが・む【眺む】他

意味

- もの思いにふける。
- ぼんやりと見やる。
- 遠方を見渡す。遠くを見る。

文献

◆夕月夜のをかしき程に、出だしたてさせ給ひて、やがてながめおはします〈源氏物語 桐壺〉

訳 夕方の月夜の趣あるころに、（使いを）出発させなさって、（帝は）そのままもの思いにふけっていらっしゃる

◆いたづらに日を経れば、人々、海をながめつつぞある〈土佐日記 一月十五日〉

訳 むだに日にちがたっていくので、人々は、海をぼんやりと見やりながら過ごしている

豆知識

「眺む」は「眺める」のことですが、語源は「長目」で、「長いこと目で見ている」がもともとの意です。

Esin Deniz

なまーめか・し【生めかし・艶かし】形

意味

- 若々しい。みずみずしい。
- 優美だ。魅力的だ。
- 色っぽい。あでやかだ。

文献

◆**重き位と見え給はず。若うなまめかしき御さまなり**〈源氏物語 若菜上〉

訳（準太上天皇という）要職には見えなさらない。若々しくみずみずしい（光源氏の）お姿である

◆**いとど昔思ひ出でつつ、ふりがたくなまめかしきさまにもてなして**〈源氏物語 朝顔〉

訳（源典侍は）いよいよ昔を思い出しては、昔と変わらず色っぽいようすでふるまって

豆知識

みずみずしく見える・若々しく美しい意の動詞「生めく」が形容詞化した語です。

なめ・し 形

意味 無礼だ。無作法だ。

文献 ◆文ことばなめき人こそいとにくけれ
〈枕草子 文ことばなめき人こそ〉

訳 手紙の言葉が無礼な人は本当にいやだ

豆知識 身分の上下とは関係なく無礼だ・無作法だととがめる気持ちを表します。

Nils Jacobi

なりかへ・る【成り返る・成り反る】 

もとの状態に戻る。もとの関係に戻る。もとどおりになる。

すっかり変わる。なりきる。一変する。

裏返る。ひっくり返る。

◆今めかしくもなりかへる御ありさまかな〈源氏物語 若菜 上〉

訳 現代風に（はなやかに、若さが）もとどおりになるごようすだな

◆さ牡鹿のしがらみふする秋萩は下葉や上になりかへるらん〈拾遺和歌集 雑下 五一四〉

訳 雄鹿が足にからめて倒す秋萩は、下の葉が上にひっくり返っているのだろうか（それで下の葉が先に紅葉するのだろうか）

Chiaki Hirasawa

にく・し【憎し】

形

Chiaki Hirasawa

意味

- 気にくわない。いやだ。不快だ。しゃくにさわる。
- 見苦しい。体裁が悪い。
- 不恰好だ。醜い。
- 無愛想だ。かわいげがない。
- 奇妙だ。むずかしい。

文献

◆にくきもの。急ぐことある折に来て長言するまらうど　〈枕草子 にくきもの〉

訳　気にくわないもの。急な用事がある時に訪ねてきて長話をする客

◆「誰ぞ」と、にくからぬ気色にて問ひ給ふは　〈枕草子 故殿の御服のころ〉

訳　「どなたですか」と、無愛想ではないようすでお尋ねになっていらっしゃるので

豆知識

「にくし」から派生した「心にくし」は、心ひかれるの意となり、まったく嫌悪の意はありません。

ぬ【寝・寐】 自

意味

- 横になる。
- （横になって）寝る。
- 眠る。
- 男女が共寝する。

文献

◆ここにぞ臥したる。客人はね給ひぬるか〈源氏物語 帚木〉

訳（私は）ここで横になっています。お客様はお眠りになってしまいましたか

豆知識

「ぬ」と「ねぶる」は、ともに睡眠状態にあることを表す語。「ねぶる」は眠っていなくても単に目を閉じることにも使用。「ぬ」は眠っていなくても横たわっていることにも使います。

ぬすびと【盗人】名

🐾**他人の物を盗む人。どろぼう。**

🐾**（人をののしって）悪者。悪党。曲者。**

◆**人出で給ひなば、とくさせ。このごろぬすびといと多かなり**〈枕草子 宮仕へ人の里なども〉

訳 （客の）人がお帰りになったら、すぐに錠をおろしなさい。近ごろはどろぼうがたいへん多いそうだ。

◆**かぐや姫てふ大ぬすびとの奴が、人を殺さんとするなりけり**〈竹取物語 龍の頸の玉〉

訳 かぐや姫という大悪党のやつめが、人を殺そうとするのであった

ねぶたーげ【眠たげ・睡たげ】

形動

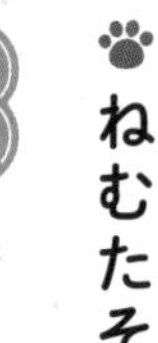

意味 ねむたそうだ。

文献 ◆暁に帰りて、やがて起きたる、ねぶたげなる気色なれど
〈枕草子一九一・すきずきしくて〉

訳 夜明け前に帰ってきて、そのまま起きているのは、ねむたそうな表情だけれど

ねぶた・し【眠たし・睡たし】形

ねぶたい。ねむい。

◆ただ一人、ねぶたきを念じてさぶらふに〈枕草子 大納言殿まゐり給ひて〉

訳 たった一人で、ねむたいのをこらえてお仕えしていると

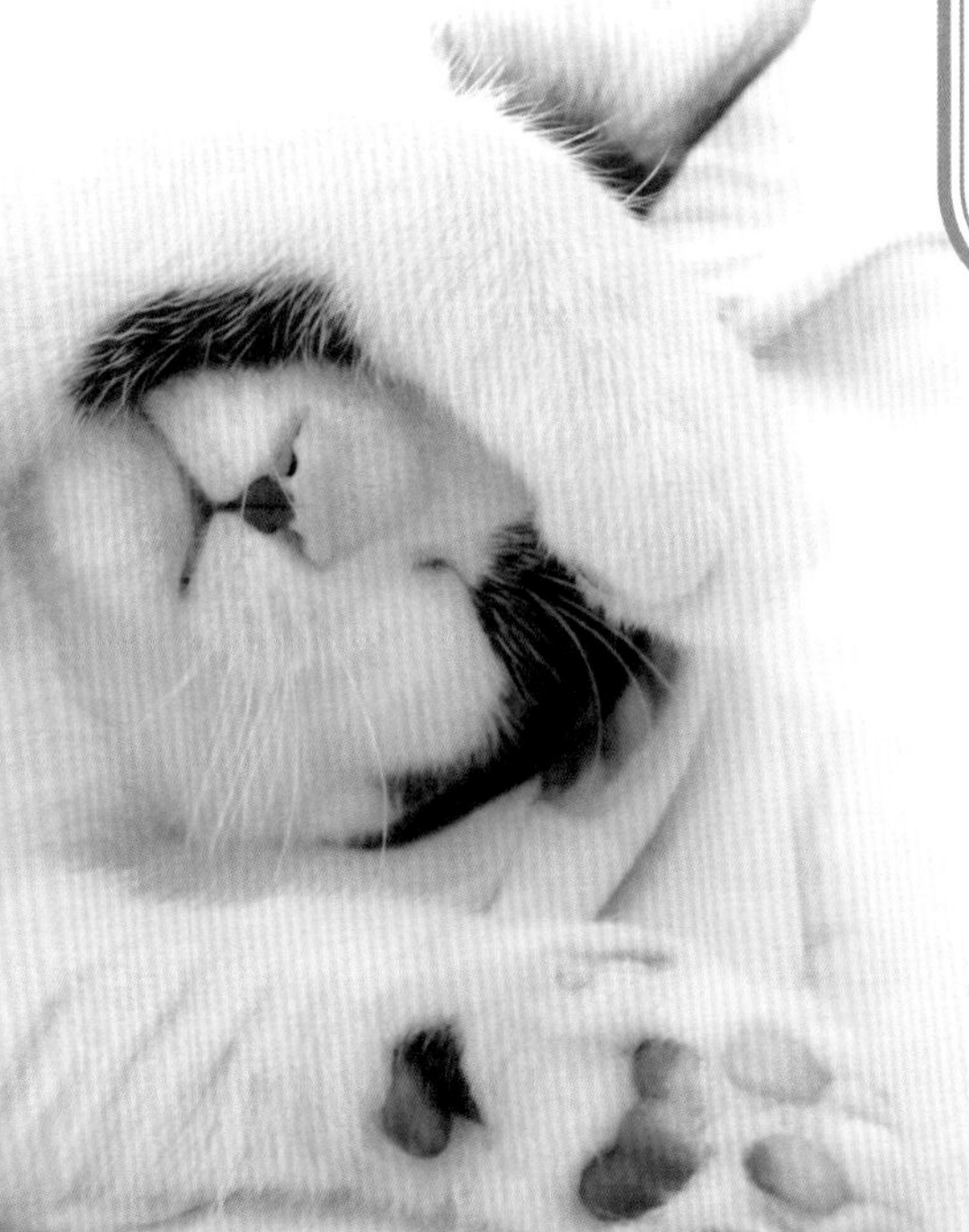

Gumpanat

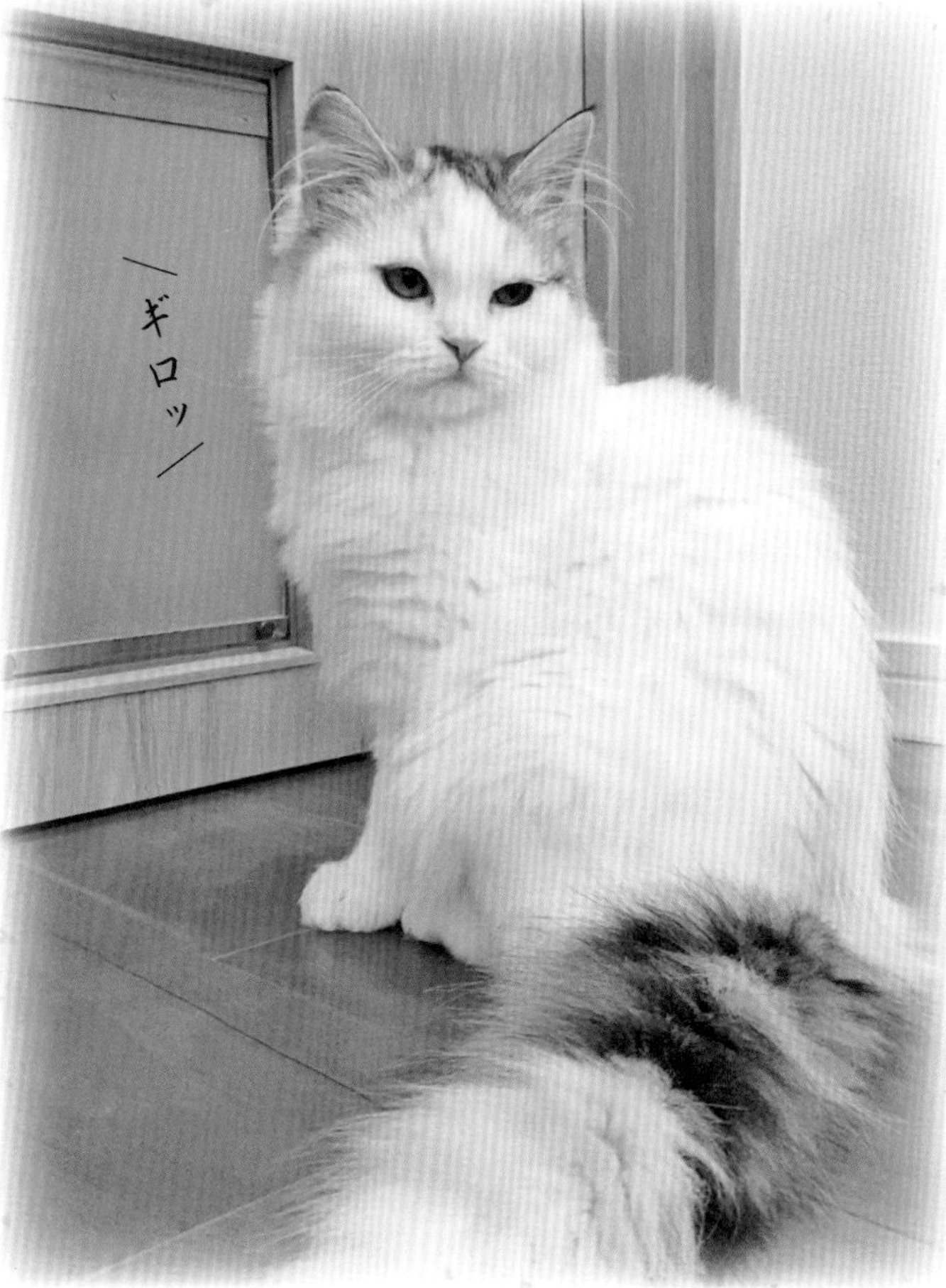

ねめーか・く【睨め掛く】他

意味

にらみつける。

文献

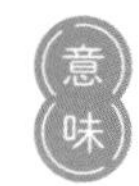

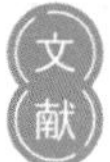

◆「おれ、後にあはざらんやは」とねめかけて帰りにければ〈宇治拾遺物語 九・四〉

訳「あいつめ、後で会わないことがあろうか（いや、会わずにはおくまい）」と、（法師は）にらみつけて帰ってしまったので

ねん・ず【念ず】

心の中で祈る。祈念する。

我慢する。じっとこらえる。たえ忍ぶ。

◆**清水の観音をねむじ奉りても、すべなく思ひまどふ**〈源氏物語 夕顔〉

訳 清水の観音をお祈り申し上げても、どうしようもないほど途方にくれている

◆**いみじき心地しけり。されどねんじて泣き明かして**〈大和物語 一六八〉

訳 本当にどうしようもない気持ちがした。だけれども、我慢して泣き明かして

豆知識

漢語「念」（＝心を込める）にサ変動詞「す」が付いてできた語。外に心を表さずに心の中で思いをもち続けることを表します。「ねむず」とも書きます。

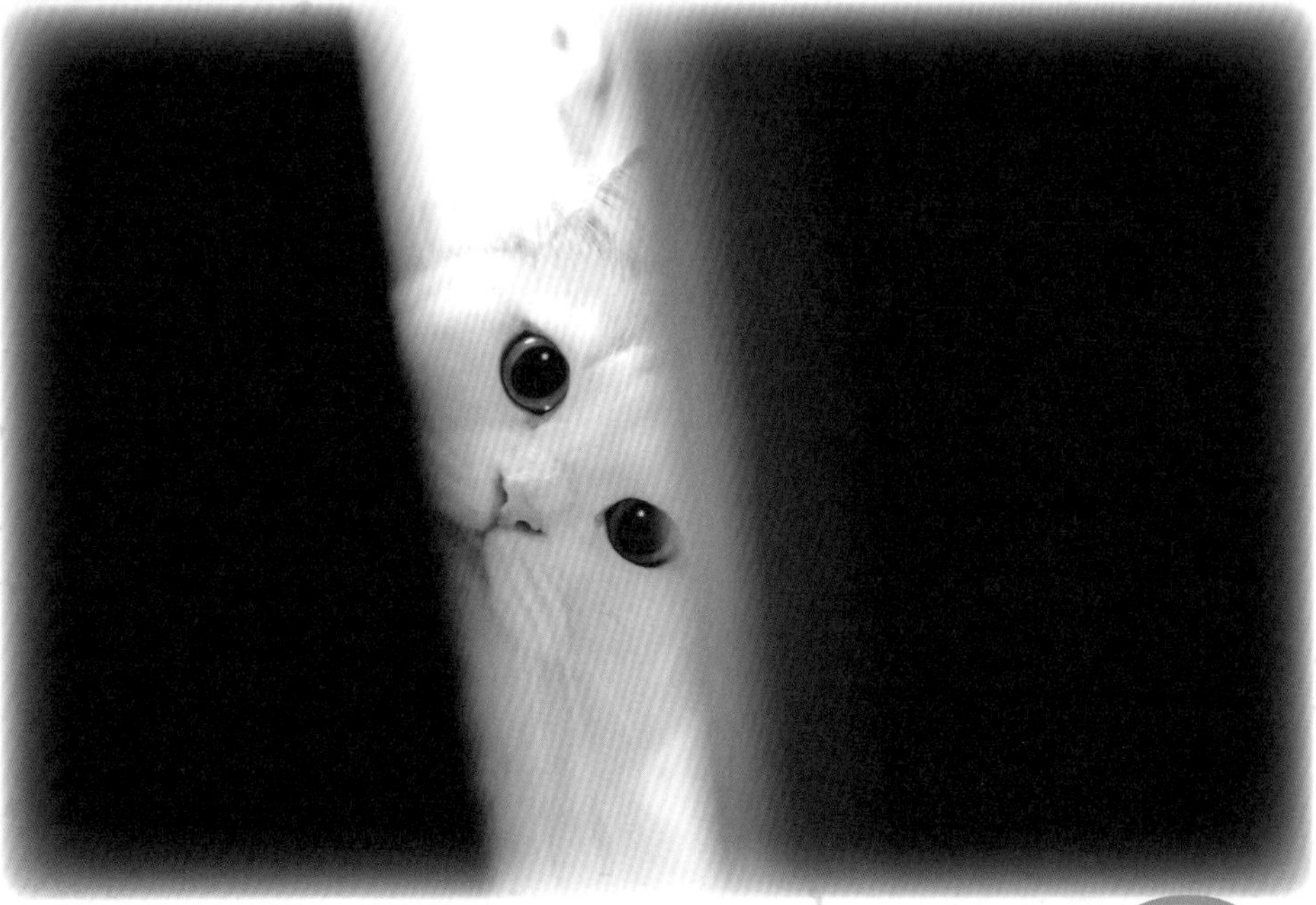

のぞ・く【覗く・覘く】他

すき間や穴などを通して見る。こっそり見る。

ちょっと立ち寄って見る。ざっと見る。

◆人々は帰し給ひて、惟光の朝臣とのぞき給へば〈源氏物語 若紫〉

訳（光源氏は供の）人々はお帰しになって、惟光朝臣と（僧坊の中を）こっそり見なさると

◆わざとなく忍びやかにうち振る舞ひ給ひてのぞき給へるも〈源氏物語 花散里〉

訳（光源氏は）わざとらしくなく、人目に立たないようにふるまいなさって、（花散里の所に）ちょっと立ち寄って見なさったのも

ののし・る【罵る】

自・他

意味

- 大声で騒ぐ。（自）
- 大きな音声を立てる。（自）
- うわさをする。評判が高い。（自）
- 勢力をふるう。時めく。（自）
- 相手を悪く言う。罵倒する。ののしる。非難する。（他）

文献

◆**我も我もとまゐりつかうまつり、物食ひ、酒飲み、ののしりあへるに**〈枕草子 すさまじきもの〉

訳 われもわれもと参上してつき従ったり、また何かを食べ、酒も飲みながら、大声で騒ぎ合っていると

◆**響きののしる水の音を聞くにも、うとましく**〈源氏物語 蜻蛉〉

訳 川の響きが大きな音を立てる水の音を聞くにつけても、気味悪く

COLUMN

#07

猫にまつわる古語・言葉

からねこ【唐猫】

中国から渡来した猫のこと。後に、ふつうの猫にもいう。在来種の猫（対馬や西表島に生息するヤマネコ）と区別するため「唐」の文字が付けられたとされる。

◆**唐猫のいと小さくをかしげなるを、少し大きなる猫追ひ続きて**〈源氏物語 若菜上〉

訳 唐猫のとても小さいかわいらしいのを、少し大きな猫が追いかけてきて

ねこおろし【猫下ろし】

猫が食物を食べ残すこと。また、その食べ残した物。

◆**猫殿は小食におはしけるや。きこゆるねこおろしし給ひたり**〈平家物語 八・猫間〉

訳 猫間中納言殿（＝藤原光隆）は小食でいらっしゃるよ。有名な猫下ろしをなさった

ねこまた【猫股】

想像上の妖怪。猫が年を取って、尾が二股に分かれ、化けて人に危害を加えるといわれるもの。

◆**奥山に、ねこまたといふものありて、人食らふなる**〈徒然草 八九〉

訳 山奥に、猫股というものがいて、人を（とって）食うということだ

かなざわねこ【金沢猫】

鎌倉時代中期、多量の仏典をネズミから守るために、唐船（中国の船、中国との貿易にあたった日本の船）に乗せられ、金沢文庫（武将、北条実時が建設した武家の文庫。現在の横浜市金沢区）へ連れてこられた猫（唐猫）のこと。船旅から解放されると、猫たちは金沢の地に住み着き、その子孫が「金沢猫」と呼ばれた。尻尾の短い三毛猫だったと伝わる。

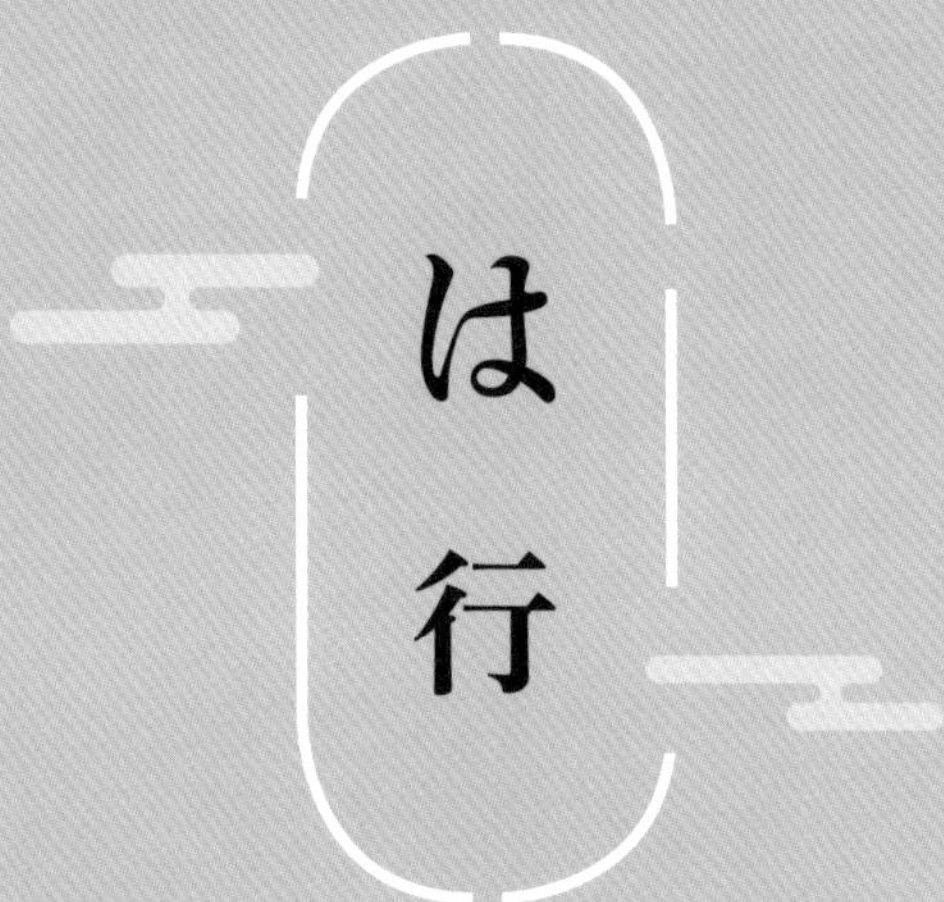

は行

はかな・し【果無し・果敢無し】形

は

意味

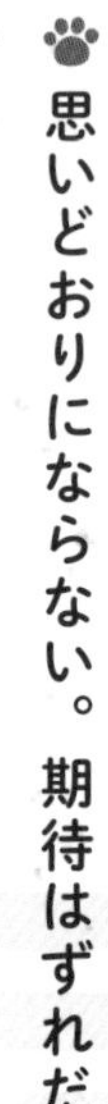

- 思いどおりにならない。期待はずれだ。
- 心細い。弱々しい。もろい。
- 頼りにならない。あっけない。無常だ。つかの間だ。
- 取り立てて言うほどのこともない。
- 幼い。未熟である。あさはかだ。
- 粗略だ。みすぼらしい。いやしい。

文献

◆いとはかなうものし給ふこそあはれに後ろめたけれ〈源氏物語 若紫〉

訳 （若紫が）非常に幼くていらっしゃることが、しみじみと悲しく気がかりだ

豆知識

「はかなし」の対義語は「はかばかし（果果し）」です。

Chiaki Hirasawa

豆知識
派生語に「はしたなむ」があります。

はしたーな・し【端なし】形

意味

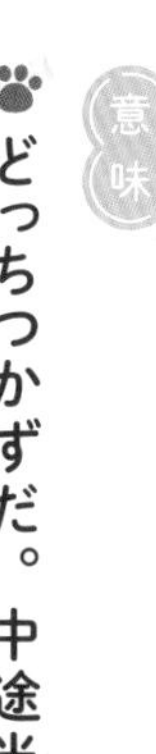

- **どっちつかずだ。中途半端だ。不つり合いだ。不似合いだ。**
- **きまりが悪い。体裁が悪い。**
- **無愛想だ。そっけない。**
- **（程度が）はなはだしい。激しい。ひどい。**

文献

◆**思ほえず、ふる里にいとはしたなくてありければ**〈伊勢物語 一〉

訳 思いがけず、（さびれた）昔の都に非常に不似合いな状態でいたので

◆**はしたなきもの。異人を呼ぶに、われぞとてさし出でたる**〈枕草子 はしたなきもの〉

訳 きまりが悪いもの。他の人を呼んでいるのに、自分だと思って出ていったとき

はし・る【走る・奔る】

早く移動する。速く行く。駆ける。
逃げる。逃げ出す。
（水などが）飛び散る。ほとばしる。
勢いよく流れる。
胸がどきどきする。わくわくする。高鳴る。胸騒ぎがする。

◆**いたくもはしらせずして**〈今昔物語集 二五・一二〉
訳（どろぼうは盗んだ馬を）それほど走らせないで
◆**奴したがへりとて頼むべからず。そむきはしる事あり**〈徒然草 二一一〉
訳 従者が（自分に）服従しているからといってあてにしてはいけない。逆らって逃げ出すことがある

Nils Jacobi

Chiaki Hirasawa

はべ・り【侍り】

🐾高貴な人などの仰せを待って控えている。おそばにいる。伺候する。

🐾おります。あります。ございます。

◆**御前のかたに向かひて、後ろざまに「誰々かはべる」と問ふこそをかしけれ**〈枕草子 殿上の名対面こそ〉

訳 帝の方を向いて、（滝口の武士には）背を向けたまま「だれだれが伺候しているか」と問う作法がおもしろい

豆知識

「はひあり（這ひあり）」（＝もと高貴な人の前に平伏する仕方）の変化した語といわれます。そのようにして仕えさせていただく意です。

はや・る【逸る・早る】

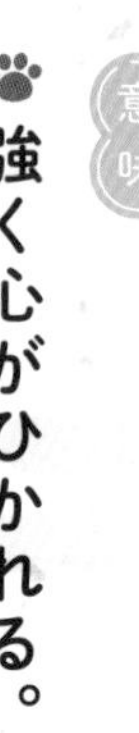

意味

- 強く心がひかれる。夢中になる。
- 心が奮い立つ。勇み立つ。
- 調子に乗る。
- 気ばかりが先に立つ。
- あせりいらだつ。

文献

◆**面白き手どもを遊ばしはやりて**〈宇津保物語 国譲 上〉

訳 すばらしい奏法で（琴を）弾きなさり夢中になって

◆**牛のいたうはやりたるを、童はおくるるやうに綱引かれ遣る**〈枕草子 ことにきらきらしからぬ男の〉

訳 牛のたいそう勇み立っているのを、（牛飼いの）少年がおくれぎみに綱を引っ張られて走らせる

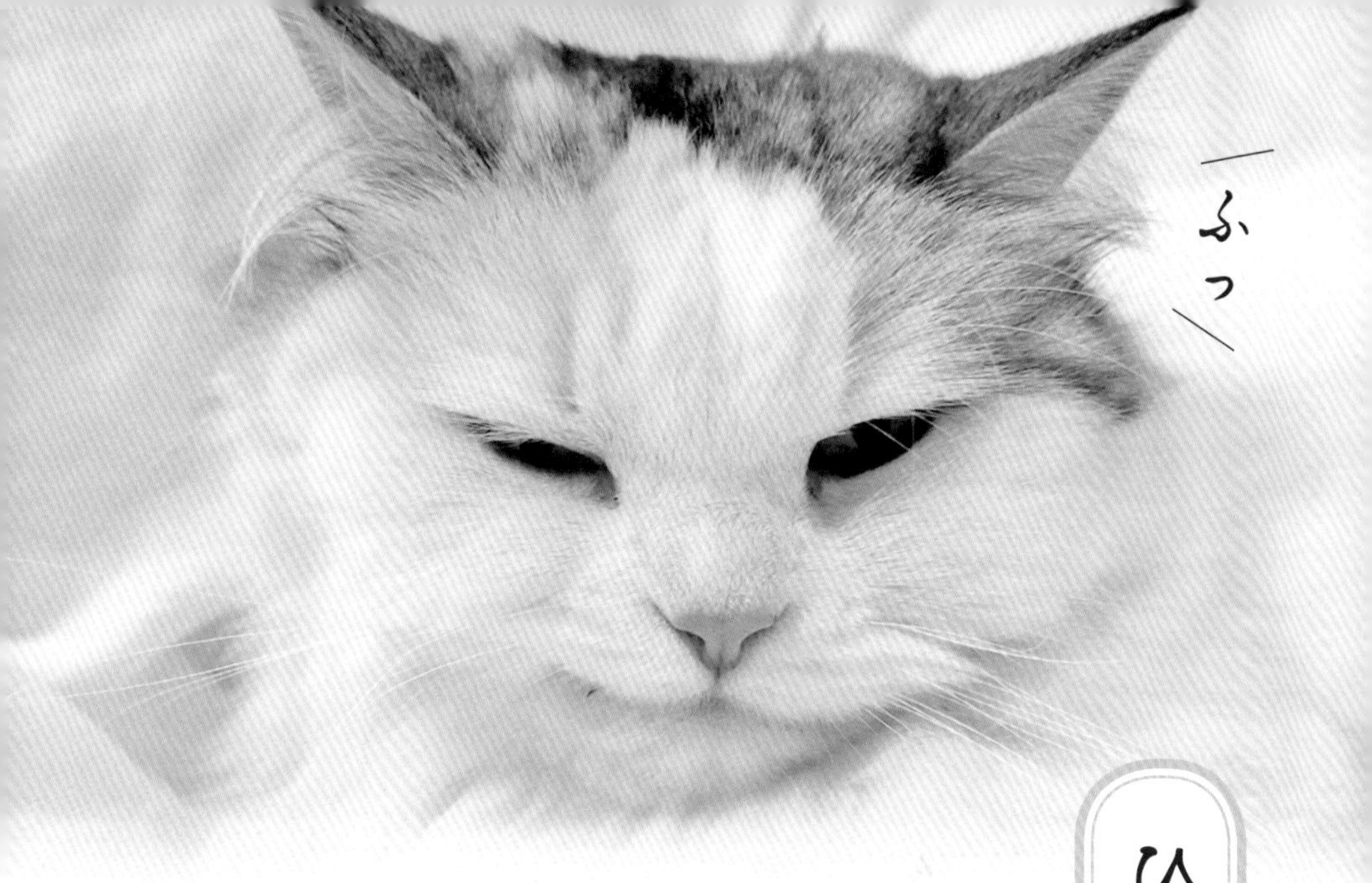

ふっ

ひが-ひが・し【僻僻し】形

🐾ひねくれている。素直でない。

🐾情趣を解さない。

🐾見苦しい。みっともない。

🐾調子がおかしい。変だ。非常識だ。

◆**君のかうまめやかにのたまふに、聞き入れざらむも、ひがひがしかるべし**〈源氏物語 末摘花〉

訳（光源氏の）君がこのように真剣におっしゃるのに、聞き入れなかったら、素直でないだろう

正当でない・妥当でない意の接頭語「ひが」を重ねて形容詞化した語です。「ひが」は間違う・ひねくれる・正常でなくなる意の動詞「ひがむ」と同じ語源。

ひ・ゆ【冷ゆ】自

冷たくなる。
冷え冷えとする。
冷える。

◆**雪の気色もふり出でがたく、やすらひ侍りしに、身さへひえてなむ**〈源氏物語 真木柱〉

訳 雪の降るようすも出かけにくく、ためらっておりますうちに、（ひとり寝だったので）体まで冷えてしまいましたして

豆知識

体がすっかり冷たくなる、冷えきるという意の言葉として、「ひえ-い・る（冷え入る）」があります。

Vladislav Karpyuk

ひ・ら・く【開く】

🐾（閉じていたものを）あける。広げる。
🐾明らかにする。解き明かす。（疑念を）晴らす。
🐾盛んにする。
🐾始める。（原野などを）切り開く。

◆玉櫛笥少しひらくに〈万葉集 九一七四〇・長歌〉
訳（あけてはいけないと言われていた）美しい櫛箱をちょっとあけると
◆成仏得脱して悟りをひらき給ひなば〈平家物語 一〇・維盛入水〉
訳 仏となり生死の苦しみや煩悩を脱して仏の教えの真理を解き明かしなさったなら

ふ・す【伏す・臥す】 自

意味

🐾 横になる。横たわる。寝る。床につく。

🐾 うつ伏せになる。うつぶす。うつむく。倒れ伏す。

🐾 姿勢を低くして隠れる。ひそむ。

文献

◆**ほど狭しといへども、夜ふす床あり、昼居る座あり**〈方丈記〉

訳 広さが狭いとはいっても、夜に寝る床はあるし、昼に座る場所もある

◆**天にあふぎ地にふして、泣き悲しめども**〈平家物語 三・足摺〉

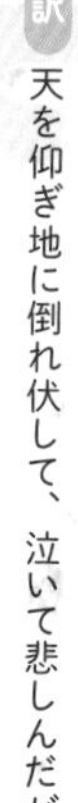
訳 天を仰ぎ地に倒れ伏して、泣いて悲しんだが

すやすや

Ricky

ふた・ぐ【塞ぐ】他

意味

🐾（ふたをするなどして）ふさぐ。覆う。

🐾韻塞ぎ（＝漢詩の韻字を隠して、当てる遊び）をする。また、その遊びで韻字を隠す。

文献

◆耳をふたぎて念仏して、つひに往生を遂げけり〈徒然草 四九〉

訳（他人の言葉に）耳をふさいで念仏して、とうとう極楽往生を遂げた

COLUMN
#08

江戸時代も猫ブームが巻き起こった

猫は高貴な身分の人のみが飼える貴重なものでしたが、江戸時代には一変。

1602年、人口増加によりネズミの被害が深刻化した京の町に、「猫を放し飼いにするように」という法令が発布。それまで綱で繋がれて飼われていた猫が、町中を自由に飛び回るようになりました。そして猫の数がどんどん増加。

1687年、江戸幕府第5代将軍・徳川綱吉により「生類憐みの令」が発布された後には、さらに猫の数が増えました。そして猫は庶民に広く浸透し、多くの人から愛されるようになり、浮世絵や文学にも頻出するようになっていきます。

浮世絵に最も多く描かれた動物は猫だといわれていますが、無類の猫好き浮世絵師として知られているのが、歌川国芳（1798〜1861）。奇抜で豪胆、自由な作風で「奇想の絵師」と呼ばれる彼ですが、十数匹の猫を飼っていて、ときにはふところに子猫を入れて猫の絵を描いていたそうです。

国芳が描いた『其のまま地口 猫飼好五十三疋』は、東海道五十三次のパロディ。宿場の数である53に日本橋と京都を加えた計55匹の猫を、ダジャレと合わせて多様なポーズと表情で表しています。

また、『鼠よけの猫』は、家から鼠を追い出すためのお守り的存在の絵として流行しました。画中には「この絵を家内に貼っておくと鼠が恐れて出てこなくなり、いたずらもけしてしない」と記されています。

↑歌川国芳の『鼠よけの猫』イメージイラスト。赤い首紐を結んだぶちの猫が、上部を注視していて、鼠の被害に遭わないように守っていました。

ま行

まがふ【紛ふ】

自・他

意味

- 入り乱れる。入り乱れてはっきりしない。（自）
- 見分けがつかなくなる。（自）
- 区別できないほどによく似ている。（自）
- 入り乱れてはっきりしないようにする。見失う。（他）
- （よく似ているので）見間違える。聞き違える。（他）

文献

◆桜花散りかひ曇れ老いらくの来むといふなる道まがふがに
〈古今和歌集 賀 三四九〉

訳　桜花よ、散り乱れて、あたり一帯を曇らせておくれ。老いがやってくるという道が、紛れて見分けがつかなくなるように

hannadarzy

sebloe

まぎ・る【紛る】 自

- 入りまじって区別できなくなる。
- 目立たないように何かをする。ひっそりと行動する。隠れる。
- 他に気を取られてそのことを忘れる。
- 忙しく取りまぎれる。他にさしさわりがある。

◆**紙の色にさへまぎれて、さらに見給へず**〈蜻蛉日記 下〉

訳 （夜で暗いうえに手紙の文字が）紙の色にまで入りまじって区別できなくなって、少しも見させていただくことができない

◆**夕暮れのいたう霞みたるにまぎれて**〈源氏物語 若紫〉

訳 （光源氏は）夕暮れのたいそうかすんでいるのに隠れて

まつ【待つ】他

（人や物事の訪れを）待つ。

◆**五月まつ花橘の香をかげば昔の人の袖の香ぞする**

〈古今和歌集 夏 一三九、伊勢物語 六〇〉

訳（陰暦）五月になるのを待って咲き始めた橘の花の香りをかぐと、かつて親しくしていた人の袖にたきしめた香りがして、そのころのことがなつかしく思い出されることだ

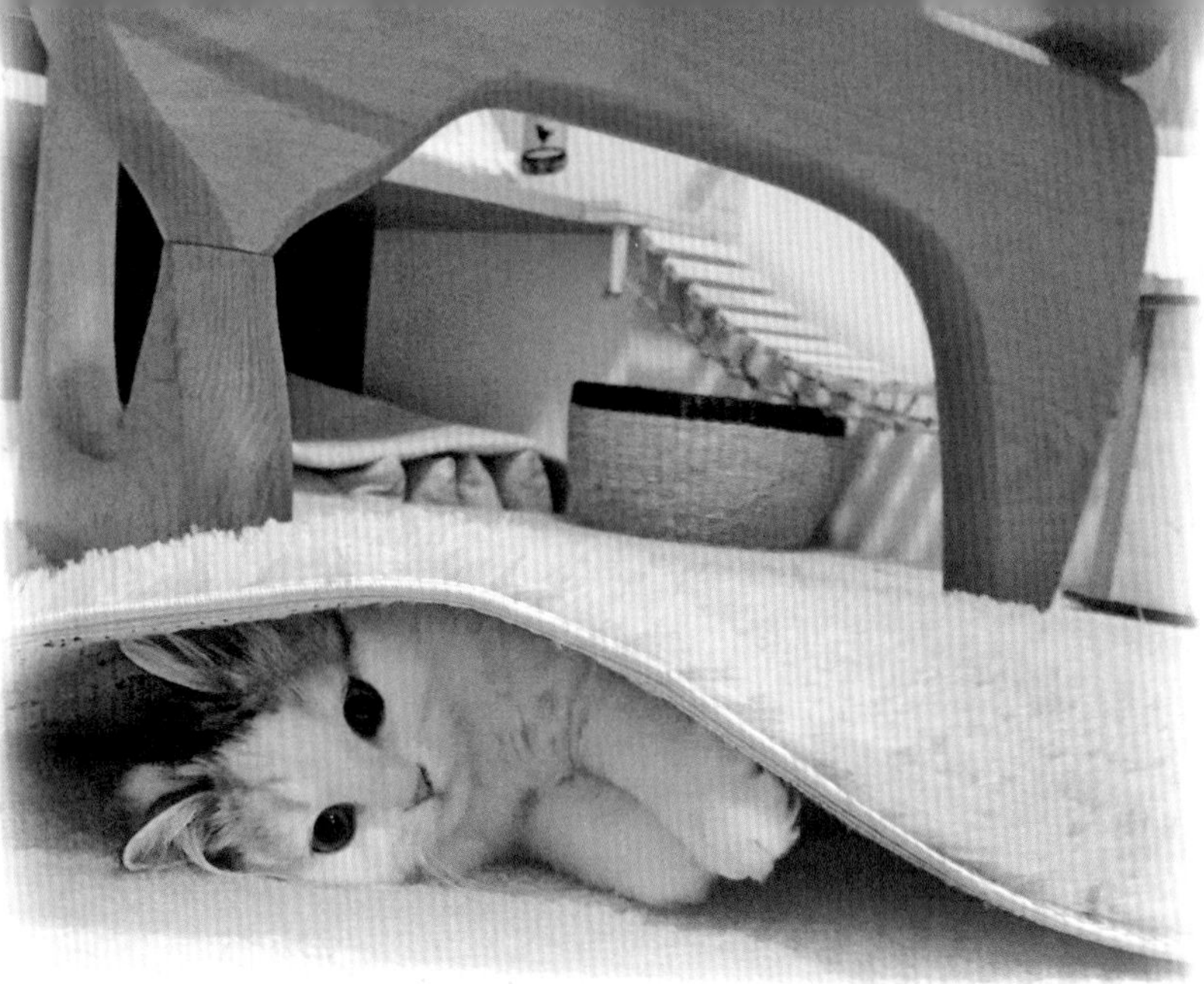

まど・ふ【惑ふ】自

- 迷う。途方にくれる。
- （心が）思い乱れる。思い悩む。動揺する。
- あわてる。うろたえる。
- （程度のはなはだしい状態を表して）ひどく…する。はなはだしく…する。

◆道知れる人もなくて、まどひ行きけり〈伊勢物語 九〉

訳 道を知っている人もいなかったので、迷いながら行った

豆知識

応対のしかたにまどわされる意を表します。古くは「まとふ」とも。

まね・ぶ【学ぶ】

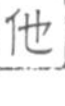

- **口まねをする。**
- **まねをする。まねる。**
- **そのまま話す。口伝えをする。**
- **修得する。習う。**

◆**はかばかしき事は、片端もまねび知り侍らねば、尋ね申すまでもなし**〈徒然草 一三五〉

訳 きちんとしたことは、少しも習って知ってもおりませんので、お尋ね申し上げるまでもない

名詞「まね」に接尾語「ぶ」が付いてできた語。まねる、見習うがもともとの意です。

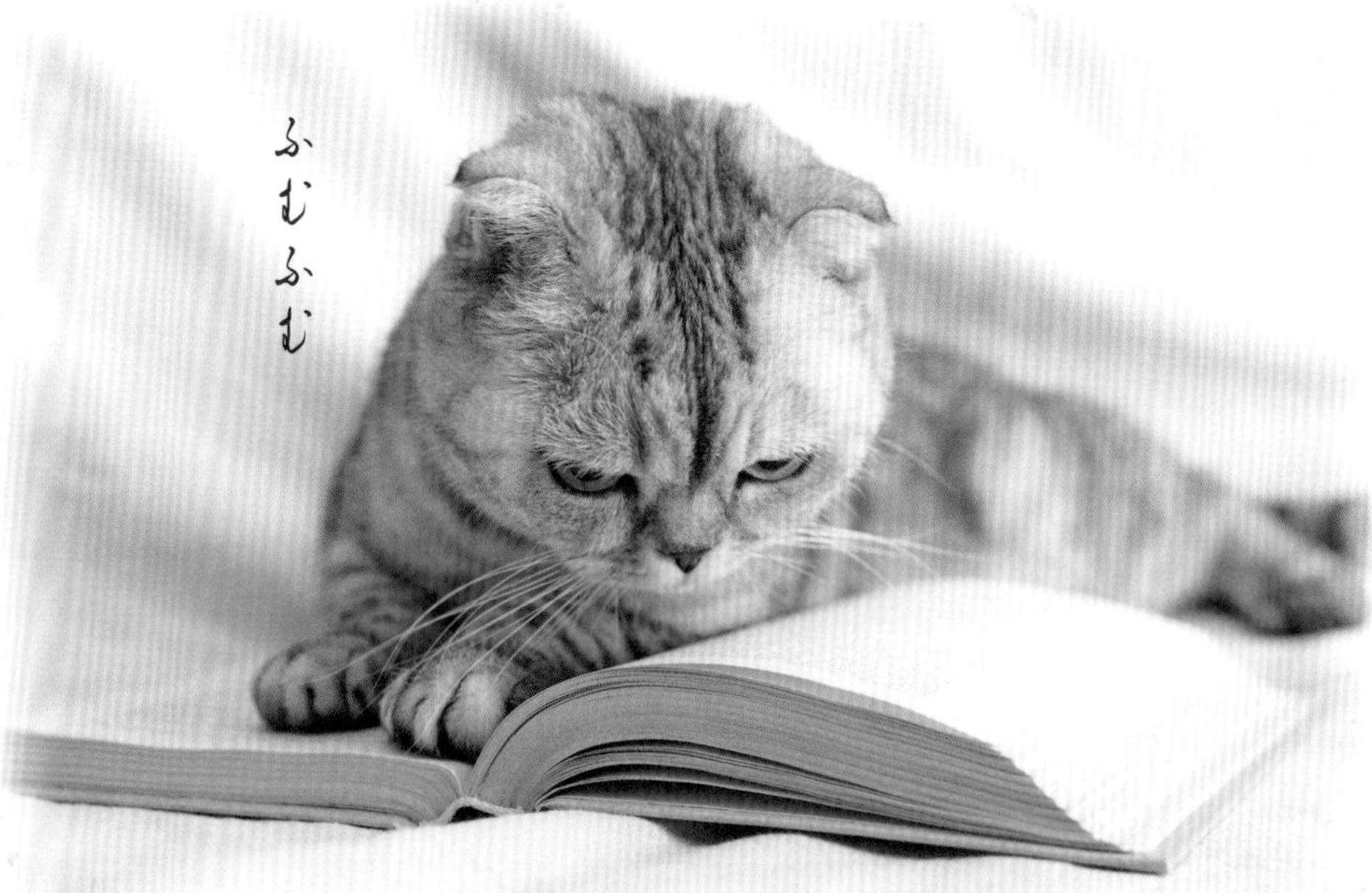

ふむふむ

Caftor

まもる【守る・護る】

- 見つめる。じっと見つめる。
- 見定める。注意してみる。
- 警戒する。気をつける。
- 防ぐ。守護する。

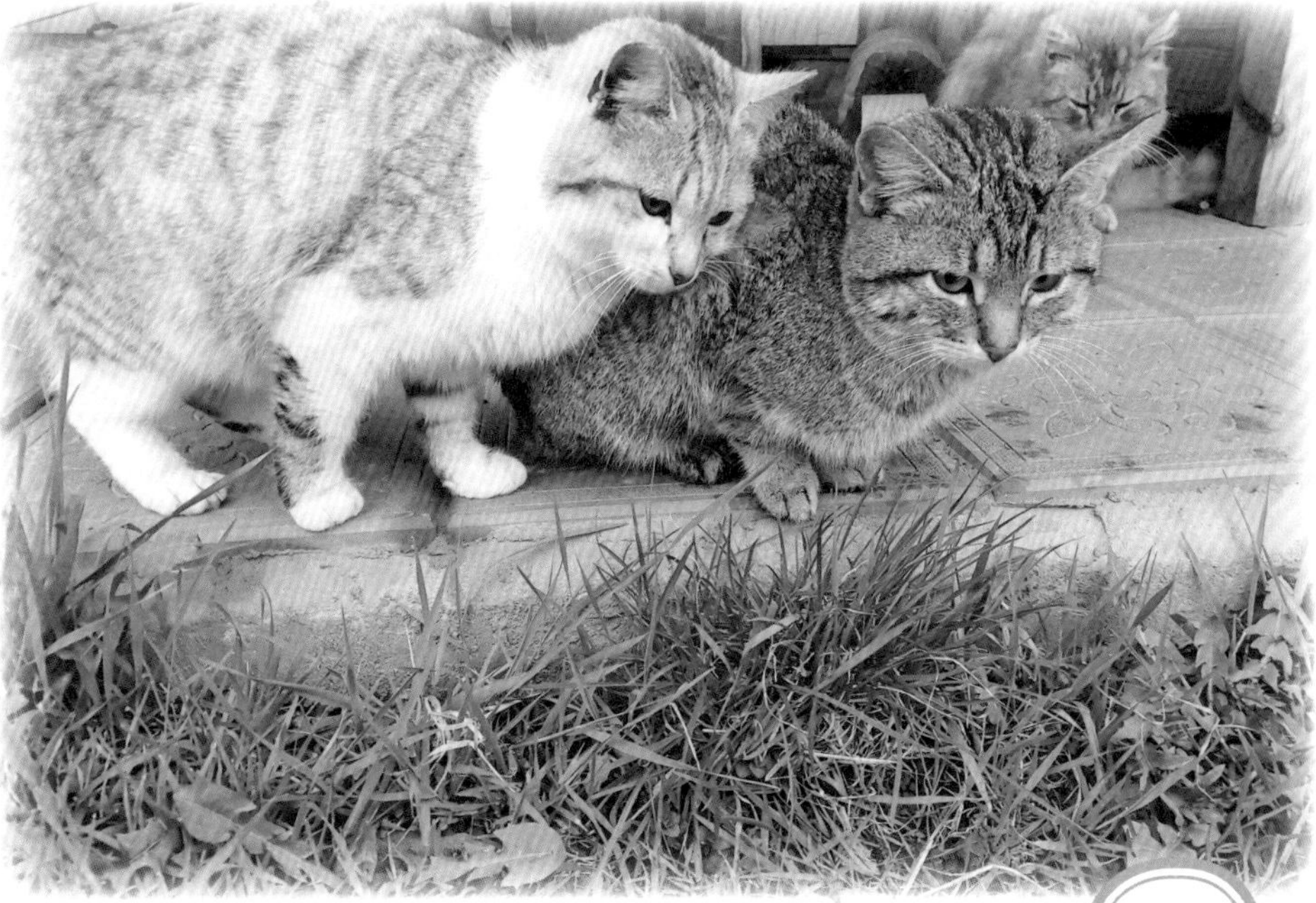

◆面をのみまもらせ給うて物ものたまはず〈大和物語 一五二〉

訳 （帝は）顔ばかりを見つめなさって、ものもおっしゃらない

◆家思ふと心進むな風まもりよくしていませ荒しその道〈万葉集 三・三八一〉

訳 家を思うからといって心あせりするな。風をよく見定めていてください。荒々しいのだ。その海路は

まろ・む【円む・丸む】 

意味

丸くする。丸い形にする。球形にする。

全体をそれで作り固める。

頭をそる。丸坊主にする。剃髪する。

◆**日かげをめぐりてまろめ置きて**〈栄花物語 はつはな〉

訳 日陰の蔓のつるを（扇のまわりに）めぐらせて丸い形にしておいて

◆**たとひ金をまろめたる馬なりとも**〈平家物語 四 鏡〉

訳 たとえ金で作り固めた馬であっても

setsuko miyazaki

むつか・し【難し】形

意味

不快だ。うっとうしい。面倒だ。わずらわしい。気味が悪い。恐ろしい。むさくるしい。風情がない。見苦しい。

文献

◆用ありて行きたりとも、そのこと果てなば、とく帰るべし。久しくゐたる、いとむつかし〈徒然草 一七〇〉

訳 用があって行ったとしても、その用事が終わったら、すぐに帰るのがよい。長居するのは、非常にわずらわしい

豆知識

「むつかる」と同語源で、うっとうしく不快であるようすを表します。現代語の「むずかしい」の意を表す古語は「かたし（難し）」。近世以降は「むづかし」とも。

むつま・し【睦まし】

親しい。仲がよい。親密である。

慕わしい。なつかしい。心ひかれる。

◆**御供にむつましき四五人ばかりして**〈源氏物語 若紫〉

訳 お供に親しい四、五人くらいを従えて

◆**見し人の煙を雲と眺むれば夕べの空もむつましきかな**〈源氏物語 夕顔〉

訳 （以前に）見た人（＝夕顔）の（火葬となった）煙を雲と（思って）眺めると、（曇っている）夕方の空も心ひかれることだなあ

む

Chendongshan

Koldunov Alexey

めざまし【目覚まし】形

🐾 目がさめるほどすばらしい。

🐾 気にくわない。不愉快だ。

◆いとよしよししうけたかきさましして、めざましうもありけるかな、と〈源氏物語 明石〉

訳 （明石の君は）たいそう品があって高貴なようすで、（光源氏は）目がさめるほどすばらしいなあ、と

豆知識

動詞の「めさむ（目覚む）」が形容詞化した語。「目がさめるほどだ」がもとの意です。目がさめるほどすばらしい意にも、目がさめるほどひどい意にもなります。

め・づ【愛づ】

- かわいがる。愛する。
- ほめる、賛美する。
- 好む。気に入る。たしなむ。

◆**ひとびとの、花、蝶やとめづるこそ、はかなくあやしけれ**〈堤中納言物語 虫めづる姫君〉

訳 世の人々が、花よ、蝶よとかわいがるのは、まったくあさはかでばからしいことです

◆**光る君といふ名は高麗人のめできこえてつけたてまつりける、とぞ**〈源氏物語 桐壺〉

訳 光る君という名は、高麗人（の人相見）がおほめ申し上げて、おつけ申し上げた、ということだ

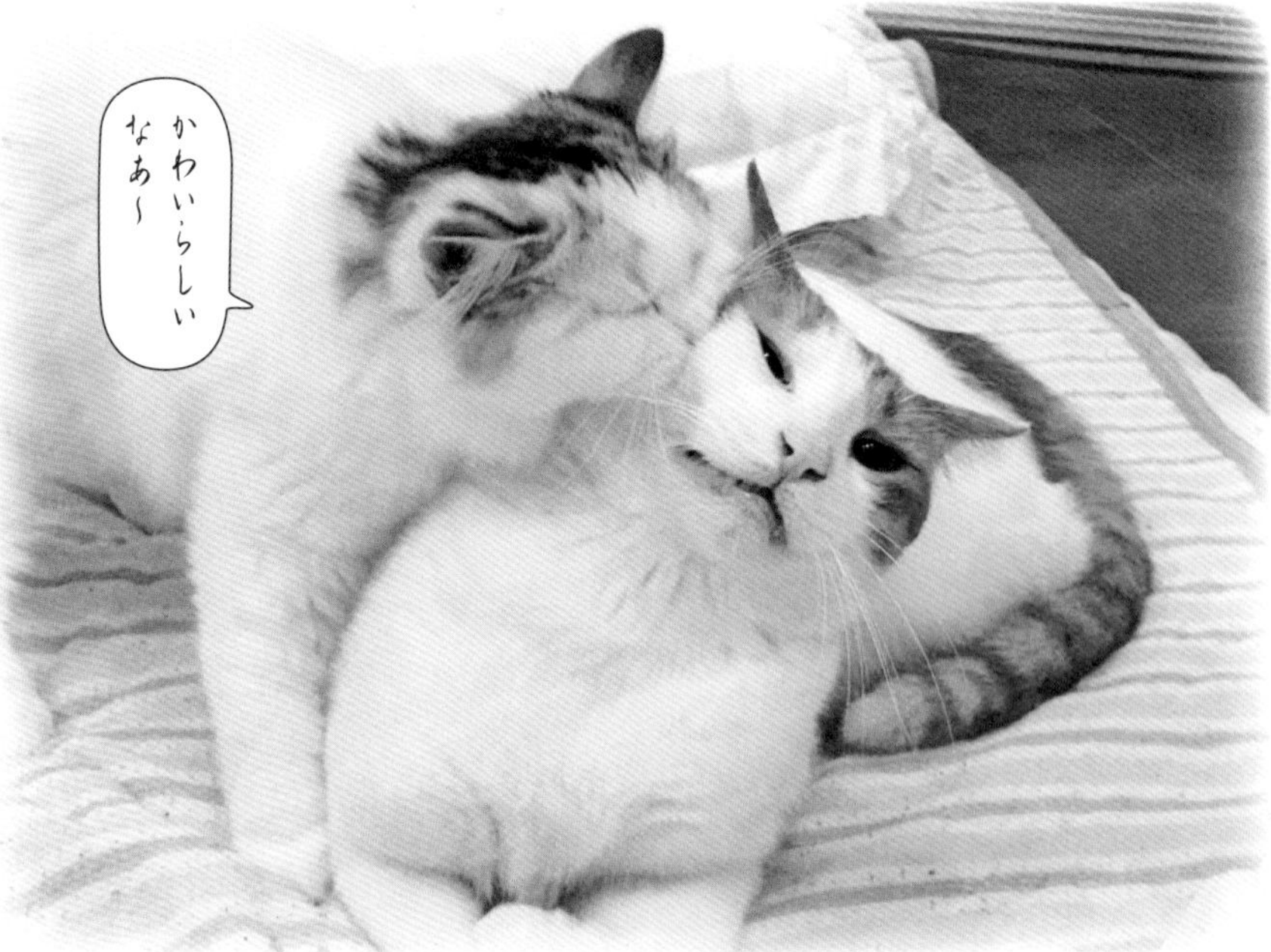

めーをーか・く【目を懸く・目を掛く】

※連語

意味

- 注意して見る。気にかける。見守る。
- めがける。ねらう。
- ひいきにする。好意を寄せる。親切に世話をする。

文献

◆いつしか梅咲かなむ。来むとありしを、さやあると、めをかけて待ちわたるに〈更級日記〉

訳 早く梅の花が咲いてほしい。（そのころに）来ようと（継母が）言っていたのが、そのとおりになるかしらと、（梅の花が咲くのを）注意して見て待ち続けているのに

もっぱら

形動

意味

他のことはさしおいて、ひたすら一つのことだけをする。専心する。

文献

◆朝には朝政をすすめ、よるは夜をもっぱらにし給へり
〈平家物語 灌頂 女院出家〉

訳 （建礼門院は）朝には朝の政務を執ることを（帝に）勧め、夜には（帝の）夜に専心しなさった（＝夜の寵愛をひとり占めなさった）

Yulcha

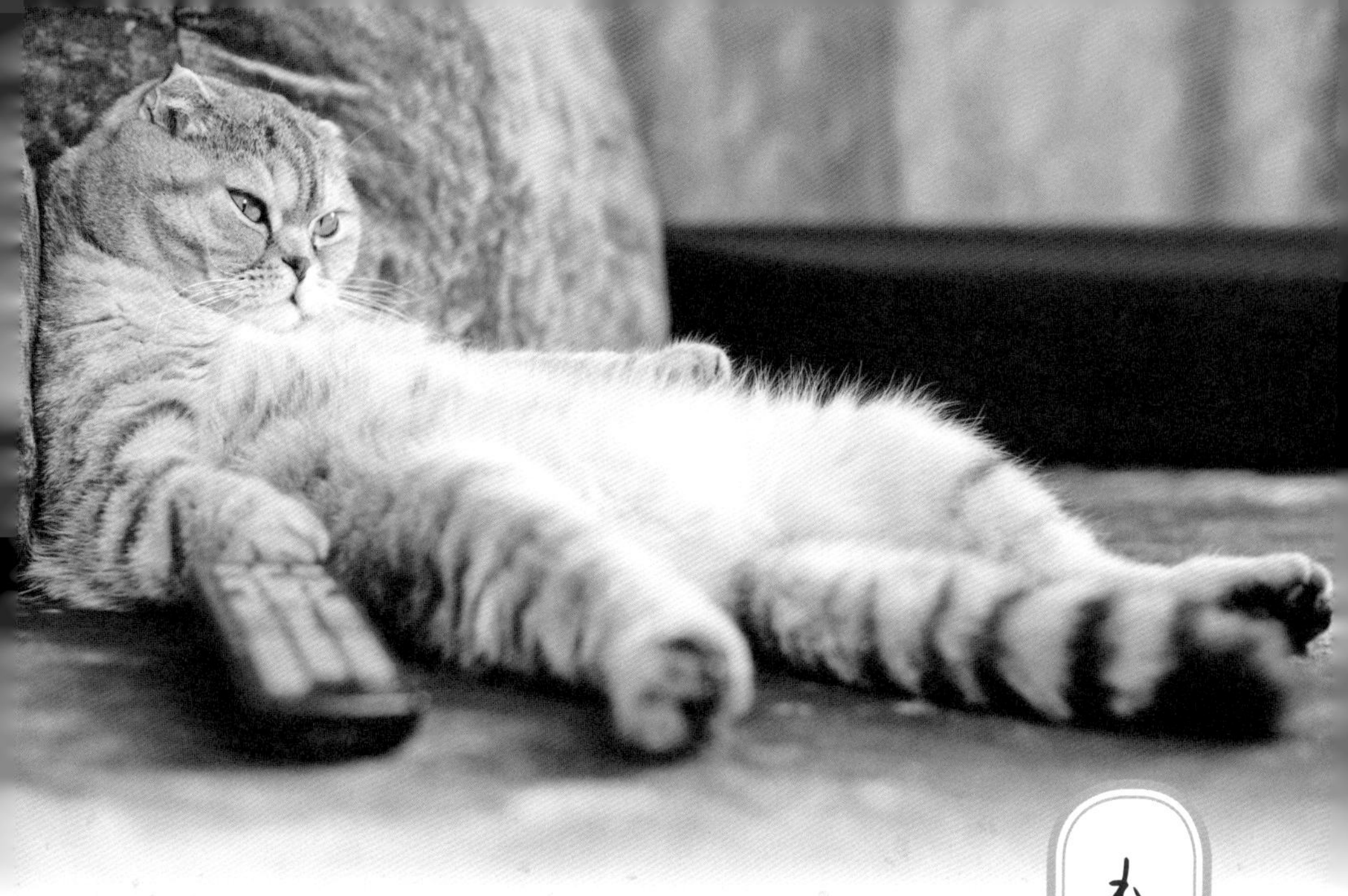

もの−う・し【物憂し】形

- なんとなく心が重く気が進まない。億劫だ。
- つらい。苦しい。いやだ。

◆**もし念仏ものうく読経まめならぬときは**〈方丈記〉

訳 もし念仏が億劫で読経も熱心に行えないときは

◆**脱ぎ捨て侍らむこともいとものうく侍るものを**〈源氏物語　藤袴〉

訳（形見の服を）脱ぎ捨てますことも、たいそうつらいのですが

Regina Erofeeva

もの-おも・ふ【物思ふ】自

何かを思う。
もの思いにふける。
思い悩む。

◆人もをし人も恨めしあぢきなく世を思ふゆゑに物おもふ身は〈続後撰和歌集 雑中 一二〇二 後鳥羽院〉

訳 あるときは人をいとおしく、あるときは人を恨めしく思う。この世は自分の思いどおりにならないと思うものだから、思い悩むわが身であるよ

yul38885

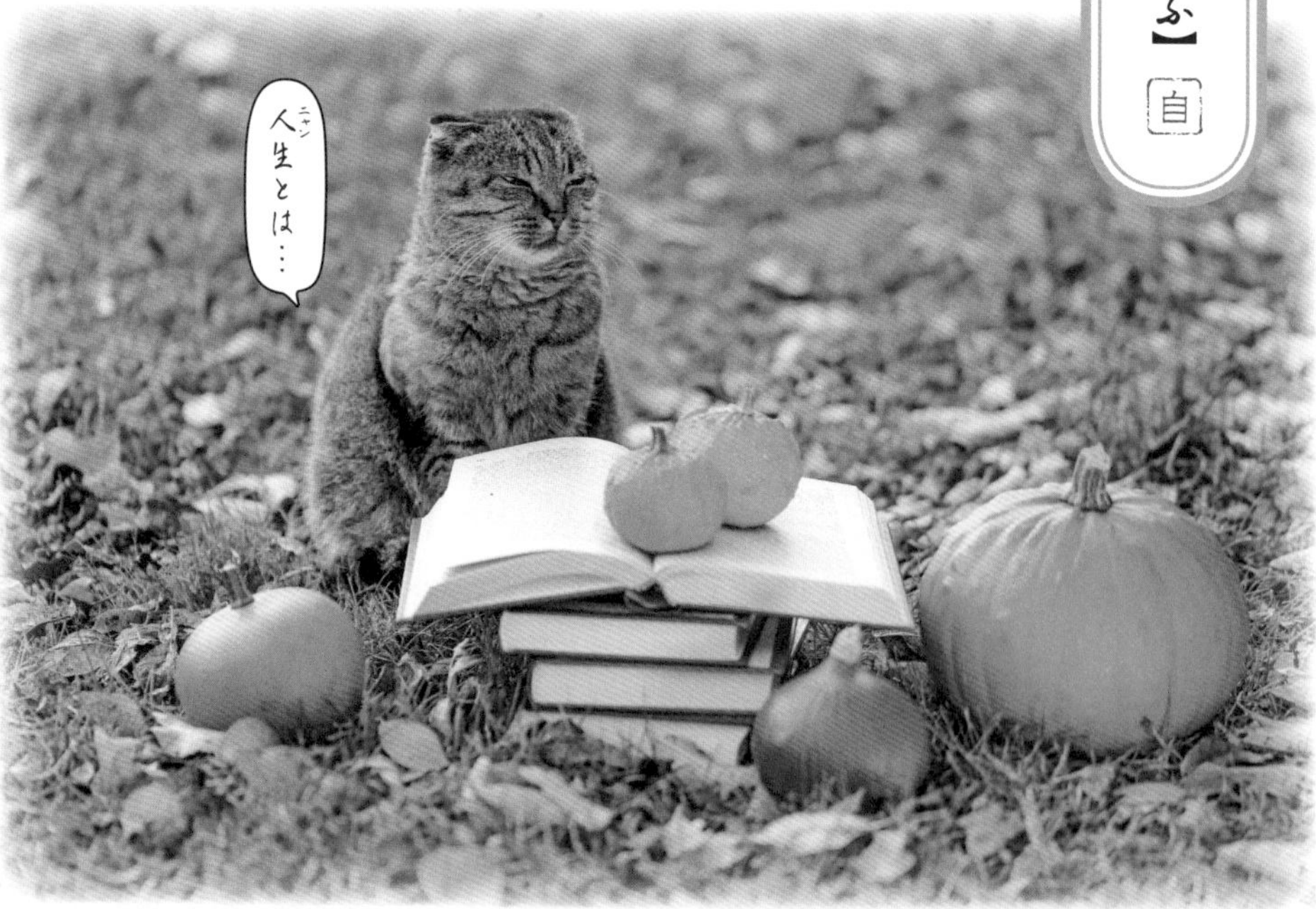

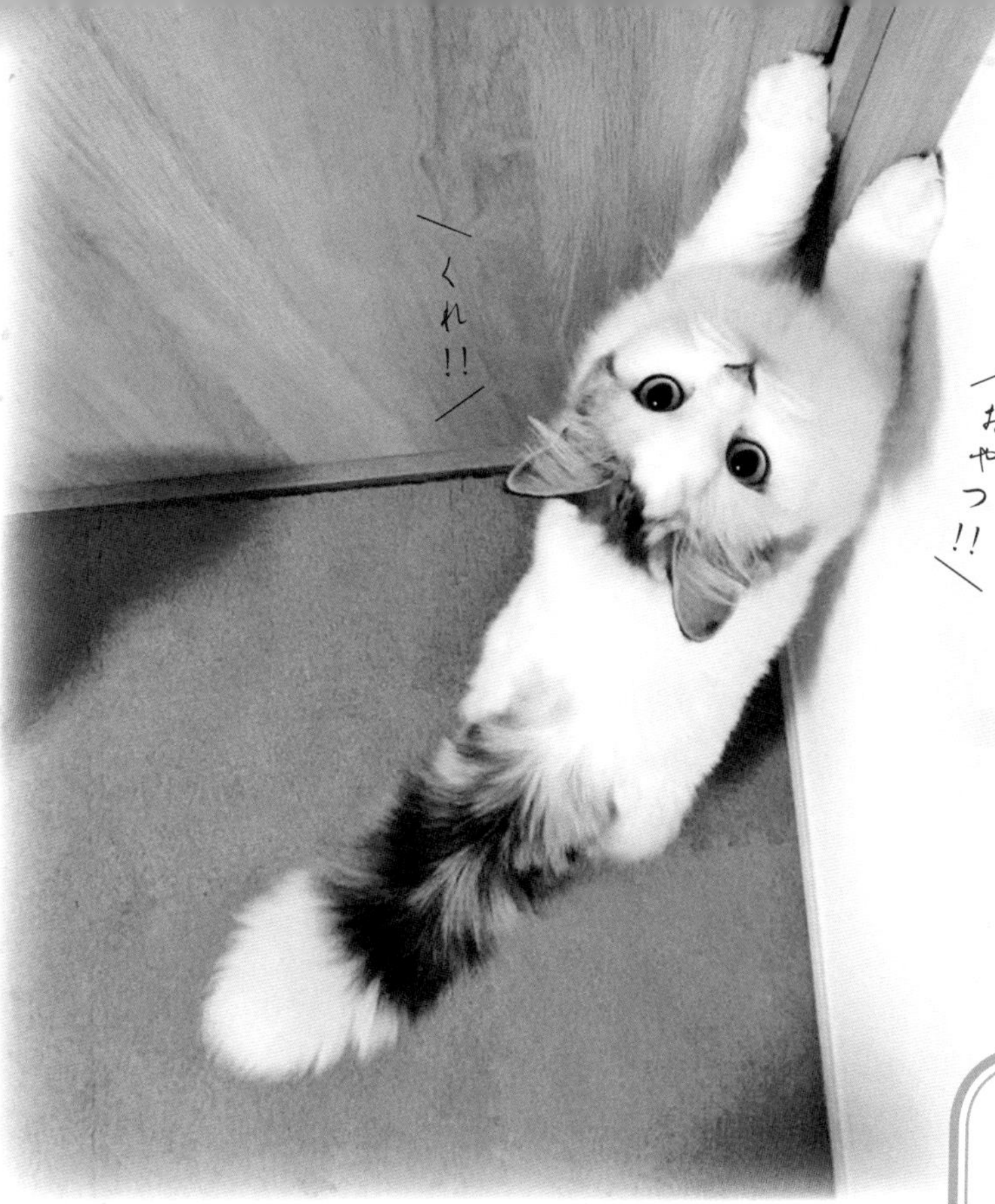

もらふ【貰ふ】他

意味

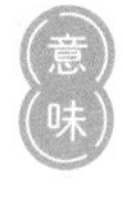

🐾くれるように頼む。ねだる。また、くれるものを受け取る。

🐾人から食事などの世話を受ける。

🐾けんかや口論などの仲裁を引き受ける。

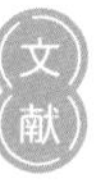

文献

◆磯に出でて綱人釣人に手をすりひざをかがめて魚をもらひ〈平家物語 三・有王〉

訳 磯に出かけて漁師や釣りをする人に手を合わせひざをかがめて魚をくれるように頼み

COLUMN #09

猫にまつわる俳句と季語

俳句は、奈良〜平安時代の和歌↓室町時代の連歌↓江戸時代の俳諧連歌（連句）が形を変えて生まれたもの。俳諧連歌の「五七五」と「七七」の初めの部分（発句）にあたる「五七五」のみを用いたもので、単に言葉遊びだった俳諧を、江戸前期の俳人・松尾芭蕉（1644〜1694年）が季節感を取り入れ、芸術性を持たせたのが始まりだとされます。

猫の俳句といえば、芭蕉や蕪村も詠んでいますが、江戸後期の俳人・小林一茶（1763〜1828年）が有名。一茶は、猫が大好きだったようで、全部で340もの猫の句を詠んでいます。

"猫"を含んだ主な俳句

- 猫の恋やむとき閨（ねや）の朧月（松尾芭蕉）
- またうどな犬ふみつけて猫の恋（松尾芭蕉）
- うらやまし思ひ切る時猫の恋（松尾芭蕉）
- 麦飯にやつるる恋か猫の妻（松尾芭蕉）
- 夕顔の花噛む猫や余所ごころ（与謝蕪村）
- 団栗とはねつくらする子猫かな（小林一茶）
- 春雨や猫に踊りを教える子（小林一茶）
- 恥入てひらたくなるやどろぼ猫（小林一茶）
- うかれ猫奇妙に焦れてもどりけり（小林一茶）
- 寝て起きて大あくびして猫の恋（小林一茶）
- ふみわけて雪にまよふや猫の恋（加賀千代女）
- うしろから猫の飛びつく袷（あわせ）かな（正岡子規）

春の季語

- 猫の恋
- 浮かれ猫
- 恋猫
- 猫の妻
- 猫の夫
- 春の猫
- はらみ猫
- 猫の子
- 子猫
- 戯れ猫
- 猫の契
- 親の猫
- 親猫
- 通ふ猫

発情期の、本能のままに相手を求める猫の様子、浮かれた猫の様子など「猫の恋」に関連する言葉が季語に。

冬の季語

- かまど猫
- へっつい猫
- こたつ猫
- かじけ猫
- 灰猫

まだ電気のない江戸時代、かまどやこたつで暖を取る猫の様子が季語に。「かじけ」は「かじかむ」と同義、「へっつい」は「かまど」と同義です。「灰猫」は、かまどの中に入り込んで灰だらけになった猫を表す季語。

やらわ行

Ved_den

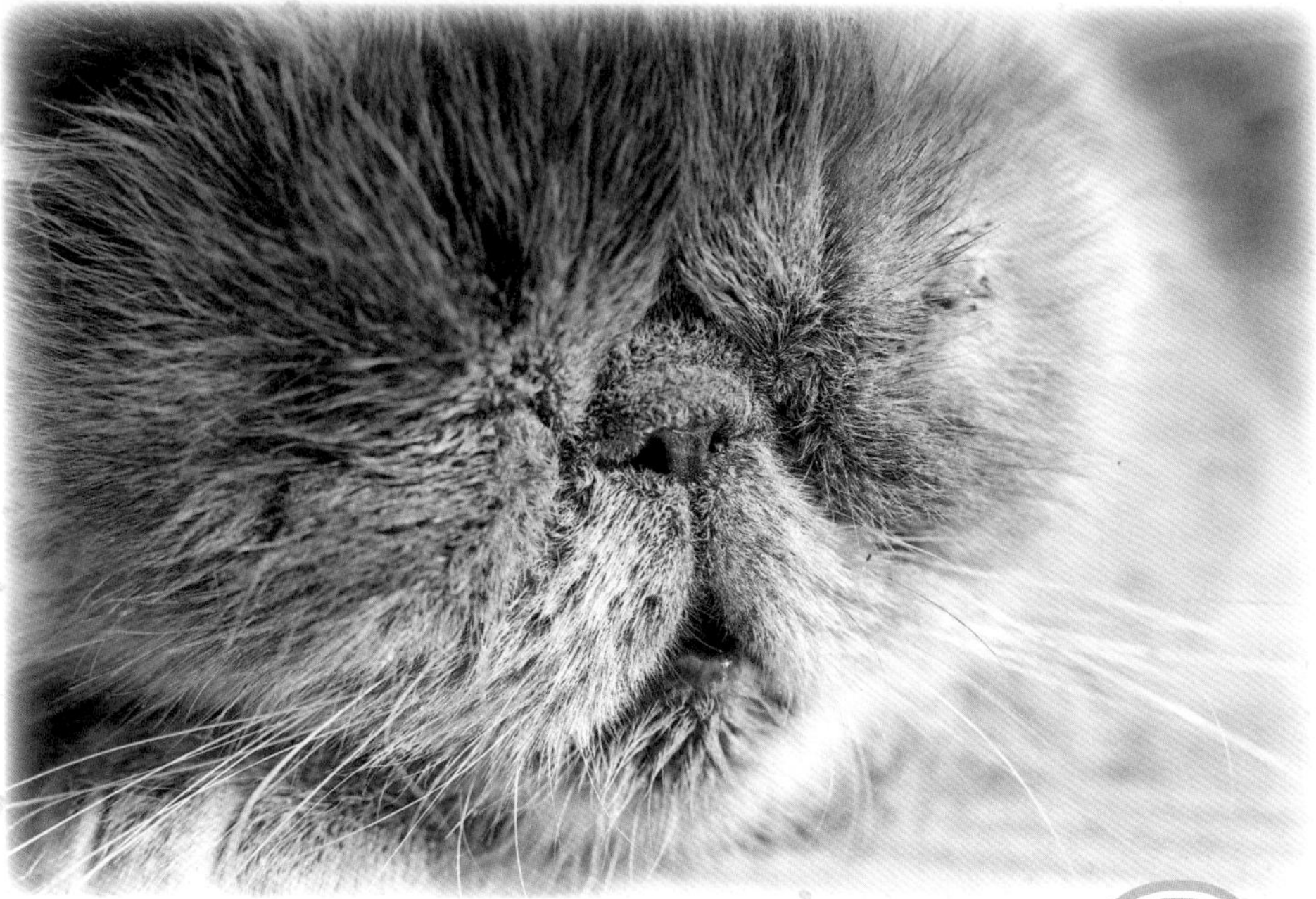

やさ・し【優し・恥し】形

- 身も細るほどにつらい。たえがたい。
- 肩身が狭い。恥ずかしい。
- 慎み深い。心づかいが細かい。控えめだ。
- 優美だ。優雅だ。上品でしとやかだ。風流だ。
- けなげだ。感心だ。殊勝だ。

◆世の中を憂しとやさしと思へども飛び立ちかねつ鳥にしあらねば〈万葉集 五・八九三〉

訳 世の中を、つらい、身の置き所もないと思っても、飛び立つことはできない。鳥ではないので

やす・し【安し】形

（心が）安らかだ。穏やかだ。

気楽だ。気軽だ。軽々しい。安っぽい。

◆**かく危ふき枝の上にて、やすき心ありて睡るらんよ**〈徒然草 四一〉

訳 このように危ない枝の上で、どうして安らかな気持ちで眠っているのだろうよ

◆**心にまかせて身をやすくもふるまはれず**〈源氏物語 橋姫〉

訳 自分の思うままに軽々しくふるまうこともできず

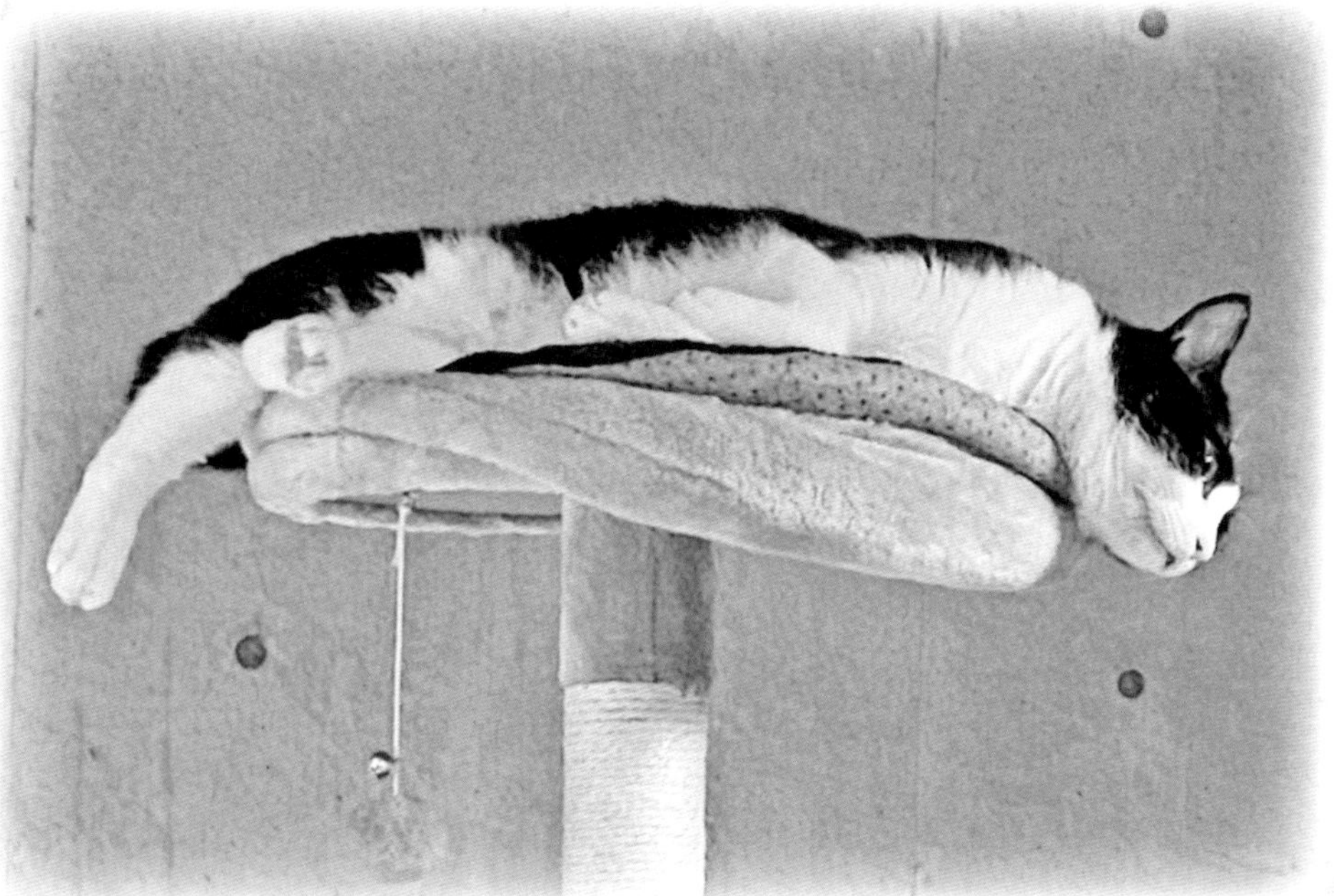

Delucci

やぶ・る【破る】他

意味

破壊する。こわす。砕く。裂く。

傷つける。損なう。害する。

（戒律・規則・約束などを）守らない。犯す。

（敵を）負かす。

（敵陣を）突破する。打ち破る。

文献

◆**すべきかたなきもの、古寺にいたりて、仏を盗み、堂の物の具をやぶり取りて、割りくだけるなりけり**〈方丈記〉

訳（生活苦で）どうしようもない者は、古寺へ行き着いて、仏像を盗み、お堂の仏具をこわして取って、（それをたきぎにするために）割って砕いたのだった

◆**悪をまし、万の戒をやぶりて、地獄に落つべし**〈徒然草一七五〉

訳 悪行を重ね、すべての戒めを犯して、きっと地獄に落ちるだろう

Kddesignphoto

Bachkova Natalia

ゆうーみやう【勇猛】

形動

勇しくて強いこと。

◆文覚無上の願を起こして、ゆみやうの行をくはたつ〈平家物語 五・文覚荒行〉

訳 文覚はこのうえない誓願を立てて、勇ましくて強い修行を計画する

豆知識

仏教語のひとつで、「みやう」は呉音。「ゆみやう」ともいいます。

ゆか・し 形

意味

見たい。聞きたい。
知りたい。読みたい。
心がひかれる。恋しい。
慕わしい。なつかしい。

文献

◆**ねびゆかむさまゆかしき人かな、と目とまり給ふ**〈源氏物語 若紫〉

訳 成長してゆくようなようすを見たい人だなあ、と注目なさる

◆**いみじく心もとなく、ゆかしくおぼゆるままに**〈更級日記〉

訳 非常にじれったくて、（「源氏物語」を）読みたいと思われるので

豆知識

動詞「ゆく（行く）」が形容詞化した語。そこへ行ってみたくなるほど心がひかれる、がもともとの意です。

いざ出発!!

Rita_Kochmarjova

ゆ・く【行く・往く】自

- どこかに向かって移動する。おもむく。出かける。
- その場所を離れる。立ち去る。通り過ぎる。通過する。
- 雲や水が流れる。流れ去る。
- 年月が過ぎ去る。経過する。
- 死ぬ。亡くなる。逝去する。
- 気が晴れる。心が晴れる。満足する。

◆梅の花咲き散る園に我ゆかむ君が使ひを片待ちがてら
〈万葉集 一八・四〇四一〉

訳 梅の花が咲いて散る園という所に私は出かけよう。君の使いをひたすら待ちかねて

形

思いがけない。突然だ。

不用意だ。軽はずみだ。

◆**ゆくりなく風吹きて、漕げども漕げども、後へ退きに退きて、ほとほとしくうちはめつべし**〈土佐日記 二月五日〉

訳 突然に風が吹いて、漕いでも漕いでも、後に戻って、危うく（舟を）落とし沈めてしまいそうである

◆**いさよふ月に、ゆくりなくあくがれんことを女は思ひやすらひ**〈源氏物語 夕顔〉

訳 沈もうかとためらっているような月に（誘われ）、思いがけなく本来の場所を離れてさまようようなことを、女は思いためらって

ゆ

ゆーゆ・し 形

- 神聖でおそれ多い。
- 不吉だ。縁起が悪い。
- 気味が悪い。
- すばらしい。りっぱだ。
- ひどい。悪い。
- （程度が）並々でない。はなはだしい。

◆**ゆゆしき身に侍れば、かくておはしますもいまいましうかたじけなくなむ**〈源氏物語 桐壺〉

訳（娘の喪中の）不吉な身でございますので、こうして（若宮が私のそばに）いらっしゃることは、慎むべきでおそれ多く（思います）

豆知識

「ゆゆし」は現代の言葉では「ヤバイ」に当たるともいえます。

ヤバイ!!

Kddesignphoto

Juhani Kovanen

ぴょ～ん

わた・る【渡る】自

- （水の上を）越えて行く。
- 過ぎる、通る。行く。
- 年月が過ぎる。送る。過ごす。
- またがる。両岸に架かる。
- 広く通じる。広い範囲にかかる。
- いらっしゃる。おいでになる。

◆月のいとあかきに、川をわたれば、牛の歩むままに、水晶などのわれたるやうに、水の散りたるこそ、をかしけれ

〈枕草子 月のいと明きに〉

訳 月がたいそう明るいときに、（牛車で）川を越えて行くと、牛が歩むに従い、水晶などが割れていくかのように、水が飛び散るのが、趣がありおもしろい

わ

わび・し【侘し】形

- がっかりだ。興ざめだ。
- 困ったことだ。弱ったことだ。
- つらい。やりきれない。苦しい。
- 悲しい。せつない。
- 貧しい。みすぼらしい。

◆**前栽の草木まで心のままならず作りなせるは、見る目も苦しく、いとわびし**〈徒然草一〇〉

訳 庭の植え込みの草木までも自然のままでなく作りたてているのは、見た目も見苦しく、非常に興ざめだ

豆知識

動詞「わぶ（侘ぶ）」が形容詞化した語です。物事が思いどおりにならないことによる、失望・落胆の気持ちを表します。

つかまった…

Roselynne

わろ・し【悪し】形

🐾よくない。感心しない。不都合だ。
🐾体裁が悪い。
🐾美しくない。みっともない。
🐾品質が悪い。上等ではない。
🐾へただ。つたない。貧しい。

◆**昼になりて、ぬるくゆるびもていけば、火桶の火も白く灰がちになりてわろし**〈枕草子 春はあけぼの〉
訳 昼になって、暖かくなってしだいに（寒さが）ゆるんでいくと、火桶の炭火も白い灰が多くなってよくない

◆**し出ださんを待ちて、寝ざらんも、わろかりなんと思ひて**〈宇治拾遺物語 一・一二〉
訳 （ぼた餅が）でき上がるのを待って、寝ないのは、体裁が悪いだろうと思って

をかし

形

意味

- 滑稽だ。笑いたくなる。
- 興味深い。おもしろい。
- 趣がある。風情がある。
- 美しい。かわいい。魅力的だ。
- 変だ。妙だ。

文献

◆故もなく然る事をのたまひしかば、「をかし」と思ひて止み侍りにき
〈今昔物語集 二五・一〇〉

訳 理由もなくそんなことをおっしゃったので「変だ」と思って（実行するのは）やめておりました

豆知識

「をかし」は「あはれ」と対比される語。「あはれなり」は主観的な情感を表し、「をかし」は明るい感じを伴って、客観的に趣がある意で用いられます。

をさま・る【収まる・納まる】 自

- 物が適当な位置や場所に入る。中にきちんと入る。
- また、物事が片づく。終わる。
- 薄らぐ。消える。

◆**三度奏して後こそをさまりにけれ**〈増鏡 おどろのした〉

訳 三回申し上げた後に（ようやく）「金葉和歌集」の編纂が）終わったのである

◆**月は有明けにて、光をさまれるものから、影さやかに見えて**〈源氏物語 帚木〉

訳 月は夜明けごろの月で、光は薄らいでいるけれども、形ははっきり見えて

を

うにゃー!!
（ごはーん!!）

をめ・く【喚く】自

大きな声を出す。
叫ぶ。
わめく。

◆あやふがりて、猿のやうにかいつきてをめくもをかし
〈枕草子 正月十よ日のほど〉

訳（木にのぼっていた男の子が、木を揺さぶられて）危険だと思って、猿のように（幹に）しがみついて大きな声を出すのも、おもしろい

豆知識
「を」は擬音語で、「めく」は接尾語です。

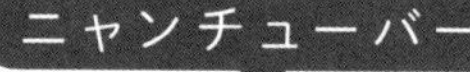

つくし&師匠とは？

本書にたくさん登場してくれた、
つくしちゃん&師匠を
ご紹介します！

ニャンチューバーつくし【関西弁でしゃべる猫】
@ntubertsukushi

登録者数30万人以上を誇る、
YouTubeで人気の猫チャンネル。
猫の「つくし」ちゃんが関西弁で
おしゃべりする、おもしろかわいい
猫アテレコのチャンネルで、
月曜以外のほぼ毎日、
夜7時に動画投稿がされている。
グッズやLINEスタンプも好評。

つくしと師匠グッズ
https://suzuri.jp/nyantubertsukushi

つくしのLINEスタンプ
https://line.me/S/sticker/14696878

つくし

- 誕生日…2020年9月7日
- 猫種類…スコティッシュフォールド
- 性別…女の子
- 性格…食に強欲
- 特技…横取り

うに師匠（先住猫）

- 誕生日…2014年5月頃
- 猫種類…日本猫（雑種?）
- 性別…男の子
- 性格…猪突猛進
- 特技…横取られ